Sonraíocht CIP Leabharlann na Breataine. Tá taifead catalóige i gcomhair an leabhair seo ar fáil ó Leabharlann na Breataine.

Tá Cois Life buíoch de Chlár na Leabhar Gaeilge (Foras na Gaeilge) agus den Chomhairle Ealaíon as a gcúnamh.

An chéad chló 2013

ISBN 978 1 907494 32 1

Grianghraif in 'Na Teamplóirí' agus 'Cúis Asarlaíochta in Echternach': Labhrás Ó Finneadha

Grianghraif in 'Litreacha as Éirinn' le caoinchead ó Leabharlann Náisiúnta na hÉireann

Clúdach agus dearadh: Alan Keogh

Clódóirí: Nicholson & Bass Ltd.

www.coislife.ie

Asarlaíocht, Gorta agus Teamplóirí

Clár

Réamhrá

Is deacair don té a thugann faoi aistriúchán briathra a chur i mbéal údair, ach má táthar chun téacs a aistriú go teanga eile bíonn ar an té sin amanna a chuid féin a dhéanamh de. Tá tuairimí éagsúla ann faoin gcaoi is fearr le tabhairt faoi shliocht a aistriú, agus ar ndóigh ní ar an gcaoi chéanna a aistrítear an uile scríbhinn. Bheadh ar an té a d'aistreodh na scrioptúir, mar shampla, a bheith fíorcháiréiseach má tá an t-aistriúchán le húsáid mar bhonn creidimh. Tá ar an té a thiontaíonn píosa dlí a bheith aireach nach bhfuil forálacha nua curtha isteach ina théacs féin agus nach bhfuil cearta breise á mbronnadh nó dualgais á laghdú leis an bhfriotal aistrithe. Ar an lámh eile, ní miste don té ar mian leis scéal seanchais, abair, a thabhairt i láthair lucht a léite a chuid féin ar fad a dhéanamh den bhunábhar agus an scéal a athcheapadh as an nua i.e. gan a choinneáil den bhunscéal ach na cnámha agus 'feoil' a chultúir agus a theanga féin a chur ar an gcreatlach.

Ní ceachtar díobh sin atá sa saothar seo. Measadh nach raibh gá a bheith srianta ag tiontú focal ar fhocal ar chúiseanna teicniúla nó chun tréithe teangeolaíocha a léiriú. Measadh ag an am céanna go mbeifí ag dul buille beag thar mharc dá ndéanfaí an téacs a chlaochlú amach is amach in iarracht 'ródhúchasú' a dhéanamh ar shaothar na scríbhneoirí bunaidh. Óir, bhí cúis ag an aistritheoir leis na téacsanna seo a roghnú; ní hí an teachtaireacht amháin a bhíothas ag iarraidh a chur in iúl ach, chomh maith leis sin, bhíothas ag iarraidh an chaoi ar tugadh an teachtaireacht a léiriú. Rud go deimhin a bhfuil a chuid castachtaí féin ag baint leis.

Roghnaíodh trí théacs a bhfuil éagsúlacht go leor eatarthu ina mbealach féin. Go bhfios dúinn, níl aon chuid den ábhar ar fáil cheana i nGaeilge ná i mBéarla.

Cuntas in iris sheachtainiúil náisiúnta ón 19ú haois atá sa chéad téacs. Doiciméad sóisialta nach beag a thábhacht, óir go dtugann sé tuairisc ar 'Cás Asarlaíochta in Echternach' a bhí i lár na hEorpa i ndeireadh an 17ú haois. Cur síos atá ann ar imeachtaí na cúirte agus ar an bhfianaise a tugadh agus mar a déileáladh leis an bhfianaise sin. Ceann de na tréithe teanga a ghabhann leis seo ná go n-athraíonn an stíl óna bheith ina tuairisc neamhfhoirmiúil go dtí an stíl chasta atá i sleachta athluaite as comhad na cúirte. Ní gan dua a cuireadh leagan Gaeilge ar chuid den Ghearmáinis ón 17ú haois agus ná tógtar ar an aistritheoir é má bhí sé i dtuilleamaí an chomhthéacs anseo agus ansiúd le leagan réasúnta slachtmhar a chur ar fáil do na léitheoirí. Tá sé dóchasach, áfach, go bhfuil an uile ní sách cruinn lena fhoilsiú.

Baineann an dara ceann acu le turas a thug duine as an Mór-Roinn ar Bhaile Átha Cliath go gairid tar éis blianta móra an Ghorta in 1850. Is cuid spéise an spléachadh a thugtar ar shaol na ndaoine san ardchathair ag an am trí shúile eachtrannaigh. Ba spéis leis an aistritheoir an stíl scríofa a bhí ag an údar chomh maith. Stíl thuairisciúil, aidiachtach agus lán íomhánna. Is i nGearmáinis a scríobhadh an téacs sin i bhfoirm 'Litreacha as Éirinn'.

Más í an asarlaíocht a bhíog aire an aistritheora sa chéad sliocht, is cúrsaí reiligiúin atá faoi chaibidil sa tríú ceann. Seo cuntas ar bhuíon d'Ord Ridirí an Teampaill agus tuairisc ar an seal a chaith na Teamplóirí i Lucsamburg. Is mar alt i saothar acadúil a scríobhadh an sliocht Fraincise i dtús báire, agus bhí sé dírithe ar phobal léitheoireachta a mbeadh eolas acu ar thagairtí go leor nach raibh gá lena míniú sa téacs. Dá réir sin, measadh go mb'fhéidir go mbeadh aistriúchán glan ina chonstaic ar léitheoirí nach mbeadh roinnt eolais acu ar an ábhar nó ar an tír cheana féin. Socraíodh giotaí áirithe a fhágáil ar lár – a measadh a bhí ina 'bhfaisnéis bhreise' do léitheoirí as Lucsamburg – agus cinneadh cur leis an téacs beagán chun rudaí áirithe a mhíniú.

Táthar ag súil mar sin, go bhfónfaidh an saothar seo mar léiriú éigin ar an gcaoi ar fhéach duine amháin le dul i ngleic le stíleanna éagsúla agus iad sin a thabhairt trasna sa Ghaeilge agus, ag an am céanna, gan é a bheith ina thráill ag an ródhúchasachas, ag teoiricí ná ag coincheapa réamhshocraithe. Dá réir sin, níltear ag maíomh gur treoir ghinearálta don aistriúchán atá anseo ná go dtugann sé cuntas ar chleachtas a bheadh i bhfeidhm ag aon chuideachta aistritheoirí ar leith.

***

Meafair a thabhairt slán ó theanga go teanga

Dá n-éireodh sé do dhuine an ráiteas 'ná breathnaigh sa drad ar chapall tabhartha' a fhí isteach i gcomhrá is maith an seans go mbeadh fear a cheartaithe agus a cháinte gar go leor dó. Déarfaí leis nach bhfuil an ráiteas sin 'ceart' i nGaeilge agus go bhfuil aige a smaointe a chur in iúl ar bhealach eile. Luafaí mar shampla an abairt atá tugtha san Fhoclóir Béarla-Gaeilge

(FBG)[1]: ná lochtaigh an rud a gheobhas tú in aisce. Bheadh dealramh leis sin. Ach dá mba ar an aonach sa Teach Dóite a déarfaí an ráiteas thuas, bheadh comhthéacs eile ar fad ann agus seans maith go mbeadh tábhacht le híomhá an chapaill chun smaointe agus intinn an chainteora a thabhairt i dtuiscint.

Luaitear an meafar áirithe seo mar nach fios go baileach cé acu is túisce a bhí an meafar sin i mBéarla nó i nGearmáinis. *Do not look a gift-horse in the mouth* atá i mBéarla, ach is é a chomhionann sa Ghearmáinis: *Schau nicht ein geschenktes Gaul ins Maul.* Tá dhá rud spéisiúla faoin leagan Gearmáinise nach bhfuil le fáil sa Bhéarla. Ar an gcéad dul síos tá rím idir *Gaul* agus *Maul* a chuireann ceol breise ann. Ach an dara rud, gurb ionann an focal *Gaul* agus seanchapall nó capall ar bheagán maitheasa. Fágann sé sin go bhfuil brí bhreise leis an meafar sa Ghearmáinis nach bhfuil i mBéarla. Anois, dá mbeifí leis an meafar a aistriú go Gaeilge ón nGearmáinis – agus moladh FBG a leanúint – is é a déarfaí: ná lochtaigh an rud a gheobhas tú in aisce, dhá dhonacht é.

Féachadh mar sin le hiomláine na meafar a thabhairt san aistriúchán, agus táthar ag súil go dtuigfidh na léitheoirí don aistritheoir má fhaigheann siad meafair anseo agus ansiúd sa téacs nach bhfuil ag teacht le *clichés* na Gaeilge. An mbeadh sé ceart, mar shampla, an meafar 'idir bád agus balla' a chur i mbéal duine a rugadh agus a tógadh istigh i lár na Mór-Roinne? An mbeadh sé cóir diúltú do mheafar nár chualathas cheana ar an aon chúis amháin gur nua é?

[1] Tomás De Bhaldraithe: *English-Irish Dictionary*, (An Gúm 1959 [2004]), lch. 296.

Tá meafair sa Ghaeilge a bhí úr tráth ach a bhfuil glacadh go coitianta anois leo, ar chúiseanna éagsúla; abraimis mar shampla 'a lia leigheas tú féin'. Tá meafair eile ann nár mhair nó nach bhfuair deis a ndaingnithe sa teanga. Sách minic fós, i gcumainn eagraithe áirithe, a chloistear an ráiteas 'agus tú faram le do shlat agus do bhachall', ach is beag bainisteoir i gcuideachta gnó a bheadh ag trácht ar 'chomh hiontach agus atá a bhachall ag feidhmiú na laethanta seo'. Táthar ag súil, mar sin, nach mbainfidh na meafair nua atá sa saothar seo tarraingt siar rómhór as na léitheoirí, ach ina ionad sin gur oscailt agus fuinneog a bheidh iontu ar an smaointeoireacht i dteanga eile.

Focail agus téarmaí áirithe a roghnú

Ceist a bhí le réiteach ag an aistritheoir an gcloífeadh sé le focail agus téarmaí áirithe ó thús go deireadh nó an gcuideodh sé leis an léitheoireacht focail éagsúla atá gar go leor i gciall a úsáid. Níor leagadh síos riail sheasta anseo, ach de réir mar a bhí fonn ar an aistritheoir focal áirithe a úsáid thar fhocal eile. Sampla den rud atá i gceist ná an úsáid a baineadh as 'teach tábhairne' agus 'teach ósta'. I gcaint an lae inniu níl aon difríocht eatarthu ach gurb í rogha phearsanta an duine féin cé acu a déarfaidh sé, tuigtear gurb ionann iad araon agus an *pub*. Ní miste a rá áfach gur dócha go raibh difríochtaí ann san am a caitheadh, i.e. nárbh ionann go baileach *tavern, inn* agus *hostelry.* Ní hí an tuiscint chéanna atá le baint as *Gasthaus* agus *Kneipe* sa Ghearmáinis, mar shampla, óir gur teach óil atá sa *Kneipe* ach go mbeifí ag súil le béile a fháil sa

Gasthaus agus seans maith go bhféadfaí seomra a fháil ann chomh maith.

Téarmaí eile a raibh machnamh le déanamh orthu ab ea na téarmaí eaglasta. Déantar tagairt sa Ghearmáinis do *Kloster* agus sa Fhraincis do *couvent*, agus cé go bhféadfaí an focal Gaeilge 'clochar' a úsáid anseo go cruinn, is éard atá le tuiscint as an bhfocal sin sa lá atá inniu ann gur clochar do mhná rialta é. Measadh sna tagairtí go léir a bhí sa bhuntéacs, áfach, gur 'mainistir' a bhí i gceist.

Déantar trácht ar 'shéiplíneach', ach mar is eol dúinn tá cúpla brí leis sin i nGaeilge agus d'fhéadfadh sé gur 'sagart cúnta' a bheadh i gceist chomh maith céanna. 'Tréadaí' a tugadh ar *Pastor*. Déantar trácht freisin ar *Schäfer*, aistríodh é seo go 'aoire'; leis an teoiric más duine a raibh caoirigh aige a bhí i gceist go mbeadh an t-aistriúchán cruinn agus más 'tréadaí' eaglasta a bhí ann, nach dochar focal a thógáil ar iasacht ó Ghaeilge na hAlban mar a bhfuil 'aoghair' acusan ar an tréadaí.

Don Fhraincis, socraíodh 'eaglais' a thabhairt ar *église*, 'séipéal' ar *chapelle* agus 'baisleac' ar *basilique*. Fágann sé sin, faraor, an téarma neamhghnách 'eaglais pharóiste' i gcorr-áit, nuair is 'séipéal' nó 'teach an phobail' is mó atá i mbéal na ndaoine in Éirinn. Luaitear anseo nach raibh sé soiléir i gcónaí arb é an foirgneamh nó an eagraíocht a bhí i gceist le *église*.

Tabharfaidh an léitheoir faoi deara go bhfuil 'uisce baiste' in úsáid in áiteanna agus 'uisce coisricthe' in áiteanna eile, agus go fiú 'uisce baiste coisricthe' uair nó dhó. Tá na téarmaí sin ar fad bunaithe ar an mbuntéacs, mar nach bhféadfaí talamh slán a dhéanamh de nach raibh i gceist ach bealaí éagsúla leis a rud céanna a rá. Tá an traidisiún fós in Éirinn, mar shampla, go bhfuil uisce coisricthe na Cincíse ar chuma éigin níos céimiúla ná aon uisce coisricthe eile. Is spéisiúil freisin, gur measadh tábhacht a bheith lena lua sa téacs go raibh salann san uisce coisricthe!

Bhí focail éagsúla in úsáid agus trácht á dhéanamh ar an gcúisí sa chúis asarlaíochta, ba é an ceann nach raibh réiteach láithreach air ná an focal *Inquirierte*, ar socraíodh 'an té a bhí faoi fhiosrú' a chur air. Tuigtear nach é is fearr frása a úsáid mar théarma – mura mbeadh ann ach an mhíréir in aimsirí an bhriathair – ach bhíothas in amhras dá mbunófaí ainmfhocal aonair ar an bhfocal 'fiosrú' go mbeadh sé ina bhac ar an léamh. Ar ndóigh, d'fhéadfaí a áitiú gur 'cúistiúnacht' a bhí anseo, agus ní dócha go mbeadh 'cúistiúnaitheach' róradacach mar nuathéarma.

Bhí duine amháin ar luadh an cheird *Sattler* leis. De ghrá na héascaíochta socraíodh an focal 'diallaiteoir' a úsáid anseo. Tuigtear go bhfuil 'déantóir diallaití' sna foclóirí freisin, ach nuair nach fios dúinn ar á ndéanamh nó á ndíol a bhí an fear, measadh gurbh fhearr an focal cuimsitheach a úsáid. Fós féin, níor mhiste a mheabhrú nach gá gur ag déileáil le diallaití amháin a bheadh an *Sattler* ach gur cheird í a bhain le hearraí leathair trí chéile.

Ós ag caint ar cheirdeanna muid, tabharfar faoi deara gur 'an diallaiteoir Michel' atá scríofa sa téacs Gaeilge seachas 'Michel diallaiteoir'. Tá sé seo bunaithe ar an tuiscint go mbaintear úsáid as an nós cainte 'Seán táilliúir' nuair a bhítear ag iarraidh idirdhealú a dhéanamh idir beirt a bhfuil 'Seán' mar ainm orthu, i.e. Seán táilliúir agus Seán gréasaí. Úsáidtear an nós cainte 'an táilliúir Seán' nuair a bhítear ag iarraidh idirdhealú a dhéanamh idir beirt tháilliúirí, i.e. an táilliúir Seán seachas an táilliúir Máirtín. Is é an chaoi ar tuigeadh an buntéacs gurb í a cheird a bhí á lua ar dtús leis an duine áirithe sin agus gur eolas breise a bhí ina ainm baiste; chuige sin measadh gurbh fhearr an bhéim a choinneáil ar an gceird.

Rinneadh tagairt do 'Lá na dTrí Rí', glactar leis gurb é sin lá chinn an dá lá dhéag ach chuirfí an íomhá as a riocht trína aistriú amhlaidh.

Feicfear go bhfuil an téarma 'proinn na maidine' sa téacs Gaeilge san áit a mbeifí ag súil leis an bhfocal bricfeasta. Go deimhin is *Frühstück* – an gnáthfhocal ar bhricfeasta – a bhí sa bhuntéacs. Ach tabharfar faoi deara freisin go raibh an béile seo acu i ndiaidh cuid d'imeachtaí na cúirte a bheith curtha i gcrích an mhaidin sin. Ar an ábhar nach sular tosaíodh na himeachtaí a bhí an béile seo le caitheamh, socraíodh ar an téarma 'proinn na maidine' mar go léiríonn sé gur le linn na maidine a bhí sé ach fós nár itheadh an béile roimh an obair a thosú.

Dúblóga

Is dócha go bhfuil a cuid féin de dhúblóga i ngach teanga, e.g. sona sásta, dáiríre píre. Mar a fheictear ón dá shampla sin, ní hí baileach an fheidhm chéanna atá ag na dúblóga go léir. Tá an té atá 'sona sásta' sona agus sásta, nó de bhrí go bhfuil an chamóg fágtha ar lár b'fhéidir gur sona ina chuid sástachta atá sé. Meastar mar sin go bhfuil an dá fhocal riachtanach chun an lánbhrí a thabhairt. Ar an lámh eile, níl aon fheidhm céille le 'píre' ach a bheith mar fhocal a chuireann béim ar chomh dáiríre atáthar, agus is beag nach bhféadfaí a rá gur rud é seo a bhaineann go hiomlán leis an teanga labhartha.

Baineadh leas as na dúblóga Gaeilge in áiteanna sa téacs fiú nuair nárbh ann do dhúblóg sa bhuntéacs, ach caithfear a rá nach mórán a rinneadh é sin agus nach raibh aon chóras á leanúint ach de réir mar a d'oir sé do thoil an aistritheora.

Ceist eile ar ndóigh, cén chaoi a ndéileáiltear le dúblóga sa bhuntéacs, go háirithe má tá rím, comhshondas nó comhfhoghar iontu. Nuair a bhí trácht ar *Hügel und Bügel*, measadh go bhféadfaí é sin a thabhairt i nGaeilge mar 'srian agus stíoróip', óir go rabhthas ag caint ar an drúcht a bheith ag lonrú ar úmacha capaill. Ach céard a dhéanfaí le dúblóg a úsáideadh agus trácht á dhéanamh ar bhád a chuaigh go tóin poill agus gur báthadh *Mann und Maus*? Bheadh cuma róshaorga ar fad ar an téacs aistrithe dá ndéarfaí gur bádh gach 'fear agus luch'. Is éard a chuir an t-aistritheoir ar an dúblóg sin 'chuaigh an long agus a raibh ar bord go tóin poill'; ach le linn dó an réamhrá seo a scríobh ritheann sé leis go mbeadh 'níor tháinig duine ná deoraí slán' thar a bheith fóirsteanach. Tugtar faoi deara leis an sampla deiridh sin gurb í an fhoirm dhiúltach de bhriathar atá san aistriúchán nuair is foirm dheimhneach de bhriathar atá sa bhuntéacs – nós é sin a fhéachann an t-aistritheoir seo lena sheachaint.

Fad na n-abairtí

Níl gar a shéanadh gur éasca i bhfad abairtí gearra a léamh agus gur inmholta mar stíl scríbhneoireachta é. Ach ar an lámh eile, is faoin údar féin atá sé a chinneadh cén chuma a chuirfidh sé ar an abairt chun tábhacht na gclásal a léiriú i bhfianaise dlúthbhaint a beith ag na clásail sin lena chéile a mhéid is gur briseadh nó trasnáil ar smaointe agus ar chomhfhios an scríbhneora a bheadh i bponcaíocht neamhriachtanach agus iomarcach nach mbeadh d'fheidhm léi ach chun freastal ar mhianta tánaisteacha an léitheora nuair is tábhachtaí go mór fada don údar a bhfuil le rá aige a chur i bhfocal agus i bhfriotal a oireann dósan. Is léir go bhféadfaí an abairt díreach roimhe seo a scoilteadh agus dó nó trí d'abairtí gearra a dhéanamh de, ach dá ndéanfaí sin bheifí ag imeacht ón gcúis lena scríobh amhlaidh ar an gcéad dul síos.

Níltear ag rá anseo gur cheart bac a chur ar abairt a scoilteadh nuair a thiontaítear go teanga eile í. Is éard atá á mhaíomh ná gur fiú féachaint le hiomláine na habairte a choinneáil más léir nó más dealraitheach go mba thábhachtach leis an mbunúdar an méid sin. Ach is cinneadh suibiachtúil a bheadh ann: céard is léir agus céard is dealraitheach? Bíodh an léitheoir mar sin ag súil le roinnt abairtí sa saothar seo atá beagán níos faide ná na habairtí a chleachtar de ghnáth i scríobh na Gaeilge sa lá atá inniu ann. Den chuid is mó, is abairtí iad sin a bhaineann le sruth smaointeoireachta nó le nósmhaireachtaí sa dlí.

É sin ráite, ní mór a rá gur tréith de scríbhneoireacht na Gearmáinise – inniu féin faoi mar a bhí sa naoú haois déag –

is ea úsáid fhorleathan a bhaint as an leathstad agus an cónasc '*und*' a úsáid san áit a mbeifí ag súil le lánstad de ghnáth. Faoiseamh, b'fhéidir, don léitheoir a chloisteáil gur baineadh leas as an lánstad sa téacs seo sna cásanna sin a measadh gur briseadh nádúrtha idir abairtí a bhí i gceist.

Briathra cúnta

Is gné spéisiúil den Ghearmáinis na briathra cúnta nó na briathra módúla. Níl mórán castachta lena gcomhshamhail sa Ghaeilge – *féadfaidh sé dul, caithfidh mé imeacht,* etc. – ach ar a shon sin tá ár gcastacht bheag féin againn, an chopail. Is é an dúshlán don té a bhíonn ag aistriú ón nGearmáinis, áfach, go bhfuil amanna ann nach bhfuil ach difríocht fhíor-chaolchúiseach go deo idir na briathra *wollen, sollen, dürfen* agus *müssen*, ag brath ar an gcaoi a mbíonn siad in úsáid.

Táthar dóchasach, áfach, gur tugadh an bhrí slán san áit a raibh na briathra módúla seo in úsáid gan aon ghá dul i muinín foclaíocht bhreise a chuirfeadh cor gan choinne san abairt. Tógaimis abairt ghearr shamplach. D'fhéadfaí an abairt '*Er will ihm gesehen haben*' a aistriú go simplí mar 'chonaic sé é'. Ach tá brí bheag bhreise leis sa Ghearmáinis; níltear ag rá go dearfach go bhfaca sé é ach táthar ag rá 'go maíonn sé go bhfaca sé é', 'go meastar go bhfaca sé é' nó, b'fhéidir fiú ag brath ar chomhthéacs, 'go gcaithfeadh sé go bhfaca sé é'. Cinnte d'fhéadfaí an modh foshuiteach a úsáid lena léiriú nach fíorasach an frása, ach socraíodh cloí leis an modh táscach a mhéid ab fhéidir nó leis an gclaoninsint i.e.

'dúirt sé' etc., a chur isteach nuair ba léir gur fheil sé sin don ócáid. Tuigtear ar ndóigh, gurb é an modh foshuiteach caite is oiriúnaí do thuairisc cúirte (faoi mar a bheadh in 'Cás Asarlaíochta in Echternach'), ach socraíodh anseo an téacs a chur i láthair i bhfoirm fhíorasach, bíodh fírinne ann nó as.

Focail bhreise gan brí shubstaintiúil ar leith leo

Is minic freisin focail bhreise sa Ghearmáinis nach gcuireann le brí na habairte ach atá ann chun treisiú a dhéanamh ar a bhfuil á rá, mar shampla *wohl* agus *nun*. Glacadh leis gur cinneadh eagarthóireachta atá ann an bhfuil na focail sin le cur isteach. Dá bhrí sin, feictear 'go deimhin' agus 'anois' in áiteanna sa téacs Gaeilge agus b'fhéidir go rithfeadh sé leis an léitheoir nach bhfuil aon chall dóibh a bheith ann beag ná mór. Ar an lámh eile, nuair a mheas an t-aistritheoir go raibh na focail sin iomarcach ar fad, fágadh ar lár iad.

Aidiachtaí

Castacht a bhaineann leis an aistriúchán ón mBéarla, ón nGearmáinis agus ón bhFraincis gur minic an aidiacht roimh an ainmfhocal sna teangacha sin ach gur ina dhiaidh a thagann sé sa Ghaeilge; nó ba chirte a rá gur ann don chastacht nuair a bhíonn níos mó ná ainmfhocal amháin i gceist ach gan ann ach an aidiacht aonair. Céard go díreach atá i gceist le *new hotels and houses*? Ar óstáin nua chomh maith le tithe atá ann, nó ar óstáin nua agus tithe nua iad? Cleas is féidir a úsáid sa chás seo ná ord na n-ainmfhocal a chur droim ar ais, agus ansin bheadh an débhrí chéanna ag baint le 'tithe agus óstáin nua'. Seachnaíodh an cleas sin sa téacs seo, mar gur measadh gur dócha go raibh cúis mhaith ag an údar le hainmfhocail a chur san ord ina bhfuil siad i.e. gur mó an tábhacht atá leis an gcéad cheann.

D'fhéadfaí ar ndóigh an aidiacht a athrá tar éis gach ainmfhocail. Nuair a rinneadh é sin san aistriúchán seo – agus ní mórán é – rinneadh é mar gheall ar gur measadh gur 'fheil' sé don ócáid. Den chuid is mó níor fheil. Chuirfeadh an iomarca athrá ar aidiachtaí cuma sách amscaí, i dtuairim an aistritheora, ar an téacs agus bhrisfeadh sé an bhaint atá ag na focail lena chéile. Abraimis, mar shampla, gur tógadh 'óstáin agus tithe nua' ar an mbaile, sa chás sin thuigfí láithreach gur aon tionscnamh mór amháin a bhí ann. Ach dá ndéarfaí gur tógadh 'óstáin nua agus tithe nua' ar an mbaile, cá bhfios nach gceapfaí gur dhá thionscnamh éagsúla a bhí ar bun, na hóstáin ar an mbaile uachtair agus na tithe ar an mbaile íochtair?

Is minic freisin gurbh éigean déileáil le níos mó ná aidiacht amháin a bhí ag cáiliú an ainmfhocail aonair. B'éigean cinneadh a dhéanamh ina leith sin de réir mar a tháinig siad chun cinn. Más comhchiallaigh a bhí sna haidiachtaí agus go raibh dhá aidiacht chomhchiallacha sa Ghaeilge, aistríodh amhlaidh iad. Má chinn ar an aistritheoir dhá aidiacht a aimsiú a léireodh an chiall chéanna, nó ciall sách gar dá chéile, níor úsáideadh ach aidiacht amháin san aistriúchán.

Ceist eile a bhí le réiteach ná an raibh cónasc le cur idir aidiachtaí. Ní annamh an cónasc fágtha ar lár sa Ghearmáinis agus sa Fhraincis. Socraíodh 'agus' a chur isteach nuair ba léir nach raibh aidiacht amháin á cáiliú ag aidiacht eile. D'fhéadfaí a áitiú, mar shampla, nach ionann brí do 'fear mór láidir', 'fear mór, láidir' agus 'fear mór agus láidir'.

Rinneadh infhilleadh ar an aidiacht ag brath ar an ainmfhocal a bhí díreach roimpi, fiú má bhí an aidiacht sin ina cáilitheach ar níos mó ná ainmfhocal amháin.

Athrá an réamhfhocail agus an ainmfhocail

Ach an oiread le hathrá na haidiachta, bhí socrú le déanamh freisin faoi athrá an réamhfhocail agus an ainmfhocail. Níor leanadh aon riail sheasta. Má d'oir sé don léamh an réamhfhocal a athrá rinneadh é, ar nós mar a bheadh sa nath cainte 'ar muir agus ar tír'. Measadh castacht áirithe, áfach, a bheith leis an athrá nuair a bhí dlúthbhaint ag an dá ainmfhocal sa tuiseal tabharthach le hainmfhocal eile ina ndiaidh. Mar sin, tá áiteanna sa téacs nach ndéantar athrá ar an réamhfhocal.

Sa chás nach ndéantar athrá ar an réamhfhocal, agus go bhfuil níos mó ná ainmfhocal amháin faoi réir ag an réamhfhocal sin, ní leanann séimhiú ná urú go dtí an dara hainmfhocal. Sampla de sin a bheadh in 'ar bhord agus cathaoir an rí' agus 'i mbád agus curach an mhairnéalaigh'.

Ar an gcaoi chéanna, seachnaíodh an t-ainmfhocal a athrá rómhinic go háirithe dá gcuirfeadh sé cuma rófhoclach ar an téacs. Bhíothas beagán in amhras freisin go ndéanfadh an t-athrá sin an bhéim a athrú an iomarca. Smaoinítear anseo ar an nath 'fir agus mná na hÉireann', agus an chaoi a bhféadfaí an bhéim a athrú go hiomlán le 'mná na hÉireann agus fir na hÉireann', mar a rinneadh in óráid cháiliúil agus stairiúil in 1990 (Máire Mhic Róibín).

Dhá chiall le focal

Rud amháin dhá fhocal a bheith ann chun an coincheap céanna a léiriú, rud eile ar fad níos mó ná brí amháin a bheith ag an bhfocal céanna, mar shampla 'duine tallannach'. Minic go leor a tharlaíonn sé sin sa Fhraincis, mar a bhfuil focail ann ar nós *important, procès, commission,* agus mar sin de, a bhfuil cúpla ciall leo ag brath ar an gcomhthéacs. Táthar ag súil go bhfacthas na gaistí seo agus gur cuireadh Gaeilge orthu faoi mar ba chóir.

Bhí castacht áirithe ag baint le 'Cás Asarlaíochta in Echternach', agus ba é sin an focal a bheadh le húsáid do *witch* agus *witchcraft* an Bhéarla. Socraíodh úsáid a bhaint as an bhfocal 'asarlaíocht' mar rogha ar 'dhraíocht' ar roinnt cúiseanna, nach lú díobh blas an rómánsachais a bheith anois ar 'dhraíocht' agus 'draíodóirí' a bhuíochas d'úrscéalta agus scannáin ár linne. Tuigtear freisin go bhféadfadh an focal 'draoi' nó 'draíodóir' íomhá a chruthú a bhaineann le cultas eagraithe. Measadh go dtugann an focal 'asarlaíocht' an tuiscint go réasúnta cruinn: gníomh a dhéanann gnáthdhuine chun urchóide a chómhuintire ach go samhlaítear gné osnádúrtha a bheith ag roinnt leis an ngníomh sin agus gur ón diabhal a thagann cumhacht a dhéanta.

Castacht a bhaineann leis an bhfocal *Hexe* sa Ghearmáinis gur féidir é a úsáid chun trácht a dhéanamh ar fhear nó ar bhean, cé gur minice gur ag trácht ar bhean é. Bhain údar an bhunsaothair úsáid freisin as *Zauberer* agus *Zauberin*. Cé gur dócha difríocht áirithe a bheith idir na téarmaí seo tráth, agus seans maith go raibh ó thaobh dlí agus gur dócha go raibh tionchar ag aicme shóisialta agus ag réim teanga ar an rogha focail, is 'asarlaí' is mó atá sa téacs Gaeilge anseo – nó 'banasarlaí' agus 'fearasarlaí' sa chás gurbh éigean idirdhealú a dhéanamh. Is é an frása 'a chur faoi dhraíocht' atá in úsáid don bhriathar, áfach. Ní miste a lua anseo go raibh cathú ar an aistritheoir briathar a cheapadh as an ainmfhocal i.e. 'asarlaigh', ach, ar athmhachnamh dó, b'fhacthas go mba chastacht gan ghá an méid sin.

Déarfaí, áfach, agus le ceart, go bhfuil focail eile sa Ghaeilge a d'fhéadfaí a úsáid: cailleach feasa, cailleach phiseogach, fear draíochta, draoi, bandraoi etc. Baintear úsáid i gcorráit sa téacs as 'fear draíochta' agus 'bean draíochta', ach bhíothas den tuairim go raibh sanas breise nár fheil don insint ag baint le formhór na dtéarmaí eile, mar shampla 'cailleach'.

Focal eile nár mhiste a lua ag an bpointe seo is ea 'ortha'. Sa tSean-Ghaeilge, is paidir an chiall a bhí leis an bhfocal sin, agus nuair a bhreathnaítear ar bhailiúcháin d'orthaí na Gaeilge (luafar anseo *Ó Bhaile go Baile* le Learaí Ó

Fínneadha) is léir go bhfuil an chráifeacht ina dlúthchuid dá bhformhór. Mar sin féin, tá orthaí ann a bhfuil tréith an osnádúir neamhchríostúil, agus fiú na hurchóide, ag roinnt leo, e.g. Ortha an Ghrá agus Ortha an Dul Amú. Ní dhearnadh aon idirdhealú anseo sa téacs Gaeilge, agus ní raibh aon idirdhealú ach an oiread sa bhuntéacs Gearmáinise. Go deimhin, rinneadh trácht ar orthaí dícheadaithe agus toirmiscthe sa téacs sin mar *Segnen* (beannachtaí) agus tugadh *Beder [Beter]* nó paidreoirí ar lucht a gcleachta.

Ní léir láithreach ach an oiread cén bhrí go díreach atá leis an bhfocal *Wohnung* i nGearmáinis. Aistriúchán dílis amháin is ea an focal 'árasán' i.e. áit chónaithe nach bhfuil mór. Mar sin féin, is é an tuiscint is iondúla atá ar 'árasán', mar is fíor freisin faoi *Wohnung*, gur áit chónaithe é i measc áiteanna cónaithe eile i bhfoirgneamh aonair. Bhí cúpla áit sa téacs in 'Litreacha as Éirinn' nár léir gurb é sin a bhí i gceist – nó go deimhin ar léir nach é sin a bhí i gceist – agus measadh sna cásanna sin go bhféadfaí cloí le 'cónaí' nó 'áit chónaithe'.

Luafar anseo freisin an focal 'parlús', ar mheas an t-aistritheoir go samhlófaí compord agus sócúlacht leis i nGaeilge. Socraíodh an focal seo a sheachaint i gcorráit agus 'an seomra tosaigh' a úsáid ina áit, fiú más dóichí nach raibh ach an seomra amháin sna botháin a rabhthas ag trácht orthu. Measadh go mbeadh 'an chistin' ag imeacht beagán rófhada ón mbuntéacs.

Nathanna aduaine

Is dócha go mbíonn a chuid foclóirí faoina lámh ar an deasc ag gach aistritheoir, agus go mbíonn cuardach le déanamh ar rudaí nua i gcónaí. B'amhlaidh an scéal i scríobh an tsaothair seo ar chuma ar bith. Ach dá mhéid ransaithe agus cuardaigh a rinneadh, agus an tIdirlíon mar áis fhíorchuiditheach, bhí corrnath aduain ann nach bhféadfaí a bheith lánchinnte fúthu.

Bhain siad seo go príomha le 'Cás Asarlaíochta in Echternach'. Ní féidir leis an aistritheoir seo a rá go cinnte céard a bhí i gceist le 'mar a bheadh mias adhmaid ag dul suas trína colainn go dtína croí'; ar saghas snagaireachta a bhí ann nó ríoga agus taomanna? An rud céanna le 'gur airigh sí ar nós mar a bheadh buicéad leagtha anuas uirthi'. Measadh gurbh fhearr iad sin a aistriú díreach agus é a fhágáil faoin léitheoir a chiall féin a bhaint astu.

Nath spéisiúil eile a bhí in *einen Berg steigen*, a chiallaíonn focal ar fhocal 'sliabh a dhreapadh'. Bhain sé seo le duine a bhí chomh dona tinn ar an leaba gur 'le hanró mór a bhí sé in ann dul ar an gcnoc' – mar atá anois sa téacs Gaeilge. Ní hé an t-alt cinnte atá sa Ghearmáinis i.e. deirtear ansin dul 'ar chnoc', agus ar chuma éigin samhlaítear don aistritheoir gur meafar atá anseo d'éirí amach as an leaba, dul amach taobh amuigh den doras, nó fiú aon ghnó a bheadh le déanamh taobh amuigh a chur de. Arís, measadh gur fearr an breithiúnas a fhágáil faoi na léitheoirí.

Luaitear planda sa téacs seo freisin. Tugtar *Bierenkraut*

den chuid is mó air, ach tugann duine amháin, an cúisí, *Fleckenkraut* air. Chinn ar an aistritheoir a fháil amach cén planda go díreach a bhí i gceist, ach aistríodh na hainmneacha mar 'luibh na gcaor' (c.f. *Beere* a chiallaíonn 'caor' nó 'sméar') agus an 'smál-lus'. Ní raibh aon chúis ar leith le 'luibh' a úsáid in ainm amháin agus 'lus' san ainm eile, ach amháin gur measadh gur deise don chluas na téarmaí agus iad ceaptha amhlaidh. Ní féidir linn a bheith cinnte ach an oiread gurb é an planda céanna a bhí i gceist ag daoine éagsúla faoin dá ainm; d'fhéadfadh sé go mbíodh luibh na gcaor in úsáid go forleathan san asarlaíocht agus i gcógais bhaile, agus droch-cháil ar an luibh sin dá réir, ach nárbh amhlaidh an cás leis an smál-lus.

San áit a ndéantar trácht ar an maoin a bhí ag na Teamplóirí i Lucsamburg, luaitear go raibh acu *'2 ½ journaux de jardins'* agus mar sin de. Tá gach uile chosúlacht air sin gur 'saothar lae' a bhí i gceist leis, nó an réimse talún a bheifí ag súil a shaothrófaí i lá amháin. Tugann an t-údar a mhíniú cruinn, áfach, sna nótaí: b'ionann *journal* nó *journau* nó *Morgen* sa cheantar sin agus 0.357 heicteár, agus b'ionann *1 arpent de bois* agus *1 journal*. Tá an tomhas *arpent* fós in úsáid i gCeanada agus is ionann sin agus 0.34 heicteár. Isteach agus amach le 0.40 heicteár atá san acra – ach gur cosúil gur 0.60 heicteár a bhíodh san acra Éireannach. De ghrá na simplíochta, measadh gur leor 'acra' a thabhairt sa téacs Gaeilge ar an *arpent* chomh maith leis an *journal*.

Ainmneacha áite agus sloinnte

In 'Litreacha as Éirinn' luaitear sráidainmneacha Bhaile Átha Cliath chomh maith le logainmneacha eile. Féachadh leis an leagan Gaeilge atá in úsáid sa lá atá inniu ann a chur ar a bhformhór díobh seo. Mar riail ghinearálta, má luadh an t-ainm i mBéarla measadh go bhféadfaí talamh slán a dhéanamh de go luafaí an t-ainm i nGaeilge dá mbíodh an t-ainm sin ar na comharthaí sráide ag an am. I gcorráit áfach, is i nGearmáinis a tugadh leath den ainm i.e. gur úsáideadh *Strasse* nó *Gasse* sa tuairisc ar an tsráid. Socraíodh iad sin a chur i nGaeilge.

Ar ndóigh, is iomaí ainm sráide i mBaile Átha Cliath atá athbhaistithe idir an dá linn. Fágadh i mBéarla na seanainmneacha sin, faoi mar a rinneadh le *Kingstown* etc, ach gur tugadh an t-ainm nua i nGaeilge idir lúibíní sa chéad áit a bhfuil siad luaite sa téacs. B'éigean 'Súil na hÉireann' a thabhairt ar Inis Mac Neasáin nó é a fhágáil mar *Ireland's Eye*, mar gheall ar an trácht a tháinig ina dhiaidh.

Ceist sách achrannach a bhí in ainmneacha daoine sa téacs a bhaineann le 'Cás Asarlaíochta in Echternach'. Glacadh leis an dara cuid dá n-ainm mar shloinne. Is saothar taighde ann féin é a dhéanamh amach cé chomh forleathan agus a bhí úsáid na mbuansloinnte i Lucsamburg sa 17ú haois. Níor mhiste a mheabhrú go bhfuil seans maith ann gur 'leasainmneacha', sa chiall is deise den fhocal sin, cuid mhaith de na sloinnte.

Bhí bearbóir ann darbh ainm *Scher*, a chiallaíonn 'siosúr' agus dá réir 'fear úsáidte an tsiosúir'. Rinneadh trácht sa doiciméad ar Goerg Hombach, ach tugtar a ainm in áit eile mar 'Goerg Hambacher'. D'fhéadfadh sé nach sloinne *per se* atá anseo agus gurbh eisean Goerg as Hambach. Spéisiúil go leor, tá tagairt don fhear céanna arís mar 'Hans Goerg'; an é go mbíodh an focal 'Hans' in úsáid an tráth sin mar theideal ar fhear, ar nós 'father' i mBéarla agus 'père' i bhFraincis? Más ea, ar cheart 'an t-uasal bearbóir' nó 'an bearbóir uasal' a bheith againn anseo in ionad *Hans Scher*?

'Ualaí éadroma agus imeacht éasca' a rinneadh sa chás seo, agus ní dheachthas isteach ródhomhain sa scéal. Tugadh na hainmneacha amhail agus gur céadainm móide sloinne iad. Fós féin, bhí dochtúireacht bheag le déanamh san áit ar tugadh an sloinne roimh an ainm i.e. is é an duine céanna a bhí i gceist le *Hans Klein* agus *Klein Hansen*. Sna háiteanna sin, cuireadh an sloinne chun deiridh.

Má scríobhadh ainmneacha daoine ar bhealaí éagsúla ach go mba léir gurb é an duine céanna a bhí i gceist, glacadh le leagan amháin den ainm. Coinníodh an leagan Béarla d'ainmneacha daoine mór le rá i stair na hÉireann, cé is moite de chorrcheann e.g. Ó Conaill. Fiú sa chás sin féin, b'éigean filleadh ar an mBéarla le 'sean-Dan'. Má bhí na hainmneacha sin litrithe ar shlí nach gnách dóibh, athraíodh an litriú e.g. 'Duffey' a athrú go dtí 'Duffy'.

De bhrí go bhfuil go leor ainmneacha Gearmáinise i gceann de na téacsanna, idir ainmneacha daoine agus ainmneacha áite, measadh gurbh fhearr sa téacs sin na carachtair nach bhfuil cleachtadh orthu sa Ghaeilge a sheachaint. Dá bhrí sin scríobhtar 'oe' in ionad 'ö' agus 'ss' in ionad 'β'.

Scríobhadh 'an Mhuir Mheann' de rogha ar 'Muir Éireann'. Tuigtear nach é sin an t-ainm oifigiúil, ach ní dochar ó am go chéile céim suas a thabhairt dár gcomharsana a bhfuil an cultúr Ceilteach acu.

Coinníodh ainmneacha áite sa teanga inar scríobhadh iad, seachas cuid de na príomhbhailte, Learpholl, Páras etc. Úsáideadh an leagan Gearmáinise de bhailte na Gearmáine a bhí luaite sa téacs Fraincise, mar shampla scríobhadh *Trier* in ionad *Trèves*. Den chuid is mó, coinníodh ainmneacha na bpearsana móra sa stair sa teanga inar scríobhadh iad freisin, mar shampla Philippe le Bel na Fraince. Rinneadh eisceacht áfach de *Jean l'Aveugle* Lucsamburg, ar tugadh Jean an Dall anseo air. Maidir le hainmneacha na bPápaí, scríobhadh Gréagóir, Alastar agus Cléimeans i nGaeilge; fágadh Innocent, Gelasius agus Boniface gan athrú.

Ceist eile a bhí le réiteach ná an chaoi le déileáil le hainmneacha daoine a raibh teideal ag gabháil leo. Níl deacracht ar bith le múnla ar nós 'Rí Philippe na Fraince', ach baineann doiléire áirithe leis an múnla céanna agus trácht á dhéanamh ar 'Cunta Philippe Vianden'. Mar sin féin, measadh gur cheart an struchtúr céanna a choinneáil sna teidil uile. Tá sé spéisiúil agus trácht á dhéanamh in éineacht ar Chunta agus Cuntaois Vianden, nár luadh leo amanna ach ainm an chunta féin. Fágann sé sin go bhfuil an teideal neamhghnách 'Cunta agus Cuntaois Henri Vianden' le fáil sa saothar seo.

Cumadh an aidiacht 'míodásach' as ainm an rí i miotais na Gréige.

Aistriú na filíochta

File a scríobh ceann de na téacsanna bunaidh, agus ní nach ionadh tá cúpla píosa filíochta le fáil i 'Litreacha as Éirinn'. Cé go bhféadfaí an fhilíocht sin a athscríobh go cruinn i bprós, rinneadh iarracht í a aistriú ar chaoi a d'fhágfadh cuma dáin uirthi freisin i nGaeilge. Triaileadh rithim agus rím a chur sa leagan nua, ach ar ndóigh ní hiad rithim agus rím an dáin bunaidh atá san aistriúchán.

Tréith den Ghearmáinis is ea go bhfuil sé éasca na briathra a chur i ndeireadh abairte agus go bhfuil briathra go leor ann a bhfuil comhfhuaim eatarthu. Bheadh sé fánach ag an aistritheoir seo féachaint leis an rud céanna a chruthú i nGaeilge. Tá sé dóchasach, áfach, go bhfuil jab leathmhaith go leor déanta den fhilíocht aige, fiú má b'éigean saoirse áirithe a ghlacadh; pribhléid an fhile. Tabharfar faoi deara freisin sa leagan Gaeilge de na dánta go bhfuil an chomhréir curtha beagán as a riocht, faoi mar a dhéantar ó am go chéile sna hamhráin thraidisiúnta, agus nach mór cuid de na focail a léamh go 'canúnach' le go luífidh siad leis an rím. Meastar nach saobhadh rómhór an méid sin.

Is aistriúchán ar aistriúchán péire de na dánta. Aistríodh na hamhráin *Arbour Hill* agus *Robert a Roon* ón mBéarla go Gearmáinis, agus anois tá siad aistrithe ón nGearmáinis go Gaeilge. Déarfadh daoine nár cheart é sin a dhéanamh, gur chóra i gcónaí filleadh ar an mbuntéacs, más féidir ar chor ar bith é, nuair atá téacs á aistriú. Ina dhiaidh sin is uile, measadh gur mhór an feall é sin a dhéanamh leis na dánta seo. Ní amháin gur chuir an file dua air féin iad a aistriú go

Gearmáinis ar an gcéad dul síos, ach rinne sé go slachtmhar é agus chruthaigh sé a rím féin sna dánta nua.

Maidir leis an dán *Arbour Hill*, tá Roibeard Emmet ag lorg *justice* agus é *claiming* an cheartais sin ar dhaoine éagsúla. In áit justice is *Rache* (díoltas) atá sa leagan Gearmáinise. Níos faide ar aghaidh sa dán, deir Emmet nach *revenge* atá á lorg, agus don fhocal sin is *Vergeltung* atá sa Ghearmáinis, focal eile ar dhíoltas, nó b'fhéidir cúiteamh. Chaillfí na héagsúlachtaí seo dá mba ar an leagan Béarla amháin de na hamhráin a bheifí ag breathnú.

Mar gheall ar gur imíodh beagán ón ngnáthchleachtas in aistriú na filíochta, tugtar an leagan Gearmáinise in iarscríbhinn leis an imleabhar sin.

Scéalta Seanchais

Tá dhá scéal seanchais tugtha in 'Litreacha as Éirinn', an scéal faoi Rí Labhra agus an scéal faoi Ó Donnchú Rí na Sióg. Sa Ghearmáinis, tá siad scríofa i bprós breá, ealaíonta. Féadfaimid talamh slán a dhéanamh de nach raibh aon ghléas taifeadta ag an údar nuair a insíodh na scéalta sin dó, agus is ar éigean go raibh peann agus páipéar tugtha leis aige chun na scéalta a insíodh dó i dteach ósta a scríobh síos focal ar fhocal.

Tarraingítear aird na léitheoirí anseo ar an gcuid den chuntas ina ndúirt an t-údar gur tháinig duine chun an tí aige ag díol seanleabhar – nó b'fhéidir leabhair sheandachta. An bhféadfadh sé mar sin go raibh na scéalta áirithe seo ar fáil ag an údar i bhfoirm scríofa agus arís gur 'aistriúchán ar aistriúchán' atá sa téacs Gaeilge anseo? Ní raibh deis ag an aistritheoir breathnú ar leabhar Thomas Crofton Croker *Fairy Legends and Traditions of the South of Ireland (1825–27)* féachaint an raibh na scéalta seo ann agus, má bhí, an raibh cosúlacht mhór eatarthu. D'éirigh leis áfach leagan de scéal na sióg a aimsiú ar an Idirlíon, faoin teideal 'Legends of Killarney' a foilsíodh in *The Lancaster Intelligencer* (Lancaster, Pennsylvania: 31 Nollaig 1861) agus facthas dó cosúlachtaí go leor idir an dá leagan den scéal.

Athlua

Tá sleachta sa téacs ar an gcás asarlaíochta a bhí aibhsithe sa bhuntéacs le spás méadaithe idir na litreacha. Nós é sin a bhíodh in úsáid sa chló gotach san áit ar gnách cló iodálach a úsáid sa lá atá inniu ann. Athlua iad na sleachta sin as an tuairisc ar imeachtaí na cúirte.

Nuair ab fhéidir é, fágadh na sleachta sin i ngnáthchló ach iad a eangú isteach beagán ón gcolún clé. Murar pharagraf ann féin a bhí san athlua, cuireadh idir comharthaí athfhriotail é. Cé gur dócha nach bhfuil róthábhacht leis sin in aistriúchán, measadh mar sin féin gur dheas dá mbeadh a fhios ag an léitheoir cad iad na sleachta a tógadh as imeachtaí na cúirte sa 17ú haois, murab ionann agus cuntas an tráchtaire sa 19ú haois.

An Cónasc

Rinneadh gach iarracht an cónasc 'agus' a scríobh amhlaidh agus seachnaíodh a mhéid ab fhéidir aon ghiorrúchán de e.g. *'gus, a's, 'us* nó *is*. Tá dhá eisceacht ann, áfach: nuair a úsáidtear 'is' in abairtíní seanbhunaithe amhail 'tríd is tríd' agus 'anois is arís'; agus san fhilíocht mar a raibh gá le leagan níos giorra chun fónamh don rím.

An Phoncaíocht

Níor leanadh go hiomlán an phoncaíocht a bhí sa téacs bunaidh. Taobh amuigh de roinnt abairtí a scoilteadh agus lánstad a chur in ionad an leathstad, cuireadh isteach fleasca agus lúibíní cruinne i lár abairtí chun an léamh a éascú. Níl sé le tuiscint mar sin gur seachfhocal atá laistigh de na lúibíní cruinne; is amhlaidh a scríobhadh sa bhuntéacs mar chuid dhílis den abairt iad. Is leis an aistritheoir féin a bhfuil i lúibíní cearnógacha. Cuireadh isteach na giotaí sin mar mhíniú nó soiléiriú breise don léitheoir agus measadh gurbh oiriúnaí iad ná fonótaí. Má bhí focal nach rabhthas in ann a léamh, mar shampla an focal sin a bheith ceilte ag ceangal na hirise, nó má chinn focal ar an aistritheoir e.g. *Herbraden*, cuireadh é sin in iúl freisin le lúibíní cearnógacha.

An Caighdeán Oifigiúil

Mar is léir don léitheoir faoin tráth seo, is é *An Caighdeán*

Oifigiúil atá in úsáid sa Réamhrá agus leantar dó sa chuid eile den saothar. Admhóidh an t-aistritheoir gurb iad rialacha Chaighdeán Oifigiúil 1958[2] a bhí á leanúint aige, ach ó tháinig *An Caighdeán Oifigiúil Athbhreithnithe*[3] amach in 2012 go bhféadfadh sé go bhfuil gnéithe de na rialacha nua sleamhnaithe isteach. Ar ndóigh, chomh fada agus a bhaineann sé le scríbhneoireacht chanúint-neodrach, is beag difríocht atá idir an dá leagan taobh amuigh de chásanna áirithe den ainmneach in ionad an ghinidigh.

Measadh gur ghá cloí leis an gcaighdeán mar gur norm neodrach é a fhreastalaíonn ar gach canúint. Feicfidh an léitheoir, áfach, go bhfuil canúnachas sna píosaí filíochta—rud go deimhin is nós leis an aistritheoir seo i saothair chruthaitheacha a scríobhann sé féin.

Maidir leis an litriú agus leaganacha malartacha ar fhocail, cloíodh den chuid is mó leis an tuiscint gurb é an ceannfhocal san Fhoclóir Gaeilge-Béarla (FGB)[4] faoina dtugtar an míniú an focal iomchuí. Mar shampla, níl 'réigiúnda' in FGB ach tá 'réigiúnach' agus dá réir sin glactar le 'réigiúnach'; ar an gcuma chéanna má lorgaítear an focal 'foirmeálta' in FGB deirtear gurb ionann é agus 'foirmiúil' agus de bhrí gur faoin gceannfhocal 'foirmiúil' atá an míniú is leis an bhfocal sin a chloítear. Bhí cúpla áit in 'Litreacha as Éirinn' inar imíodh

[2] *Gramadach na Gaeilge agus Litriú na Gaeilge: An Caighdeán Oifigiúil*, (Oifig an tSoláthair 1958 [2004]).

[3] *Gramadach na Gaeilge: An Caighdeán Oifigiúil – Caighdeán Athbhreithnithe*, (Seirbhís Thithe an Oireachtais 2012)

[4] Niall Ó Dónaill, *Foclóir Gaeilge-Béarla*, (An Gúm 1977 [2005])

beagán ón teanga neodrach, óir gur measadh go gcuideodh malairt leagain le cur i láthair an téacs.

Tá gné amháin den ghramadach in úsáid sa téacs nach nglactar go coitianta léi, is é sin an *s* iolra ar chorrfhocal iasachta, mar shampla *clichés* anseo sa Réamhrá agus *póilíos* i gceann de na sleachta thíos. Luaitear anseo freisin gurbh fhearr leis an aistritheoir an litriú 'síóg' seachas 'sióg', go háirithe ó tá an focal gaolmhar 'síogaí' ann freisin.

Leagan leictreonach de na scríbhinní bunaidh

Tá rochtain ar an dá théacs a bhaineann le Lucsamburg ar shuíomh gréasáin atá curtha ar fáil ag Leabharlann Náisiúnta Lucsamburg (*Bibliothèque nationale de Luxembourg*) ag http://www.luxemburgensia.bnl.lu.

Tá an téacs faoi 'Cás Asarlaíochta in Echternach' le fáil i measc na nuachtán faoi 'Luxemburger Land (Das)' agus an dáta an 4 Feabhra 1883.

Is sna saothair thagartha atá teacht ar an téacs a bhaineann le 'Na Teamplóirí i Lucsamburg', eadhon an tsraith 'Biographie nationale du pays de Luxembourg', Fascúl 21 don bhliain 1975.

Admhálacha

Tugtar aitheantas anseo d'údair na mbuntéacsanna.

Moritz Hartmann a scríobh 'Briefe aus Irland' in *Deutsches Museum: Zeitschrift für Literatur, Kunst und öffentliches Leben* Eanáir–Meitheamh 1851. Leipzig: J. C. Hinrichs'schen Buchhandlung.

Nicholas van Werveke a scríobh 'Ein Hexenprozeβ zu Echternach' in *Das Luxemburger Land* 4 Feabhra 1883–25 Márta 1883. Lucsamburg.

Jules Mersch a scríobh 'Les Templiers au Luxembourg' in *Biogrophie Nationale du Pays de Luxembourg depuis ses origines jusqu'à nos jours XXIme Fascicule*. 1975. Lucsamburg: Imprimerie de la Cour Victor Buck.

Jean-Pierre Koltz a chuir eagar i gcomhair a fhoilsithe ar 'Les Templiers au Luxembourg'.

Tugtar aitheantas freisin dóibh seo a leanas as a gcabhair agus as an eolas a thug siad don aistritheoir:

Bibliothèque nationale de Luxembourg (Leabharlann Náisiúnta Lucsamburg), Lucsamburg.

Centre nationale de littérature (An tIonad Náisiúnta Litríochta), Mersch, Lucsamburg.

Die Bayerische Staatsbibliothek (Leabharlann Stáit na Baváire), München, an Ghearmáin.

Buíochas

Glactar buíochas leis na foilsitheoirí Cois Life agus leis an bhfoireann eagarthóireachta ann. Ba mhór an chabhair a thug siad in aird a tharraingt ar phointí doiléire agus botúin a aimsiú. Fós féin, is é an t-údar atá freagrach as aon easnamh a d'fhéadfadh a bheith sa téacs.

Cúis Asarlaíochta in Echternach ón mbliain 1642

le

Nicolas van Werveke

An 19 Lúnasa 1642, tháinig Sebastian Hartman, giúistís tuata agus breitheamh de thráth na huaire, in éineacht lena aturnae Nikolaus Weissfelt i láthair an tsirriam agus seisear giúistísí tuata de bhaile Echternach. Mhaígh sé go bhfuair sé amach gur tharraing baintreach Claus Schroeder, darbh ainm Elisabeth, mór-amhras uirthi féin trína míghníomhartha i gcion gráiniúil na hasarlaíochta. Mhol sé mar sin lá a leagan síos ar a bhféadfaí ráitis a ghlacadh ó fhinnéithe agus an cúiseamh a thabhairt chun cinn.

D'aontaigh an sirriam agus na giúistísí tuata an cúiseamh a éisteacht. Leag an sirriam agus a chomhfheidhmeannaigh Jakob Bock, Johann Hadamar, Joh. Lebkucher, Wilhelm Masius, Paul Henneges (iarchaptaen) agus Mangrich Holler síos an lá dar gcionn chun na finnéithe a éisteacht.

An 20 Lúnasa, tháinig an t-ionchúisitheoir i láthair na ngiúistísí tuata arís, triúr an uair seo: Bock, Hadamar agus Paul uasal. Cuireadh na finnéithe faoi bhrí na mionn agus ansin ceistíodh iad.

Éisteacht na bhFinnéithe: Martin Kannengiesser

Dúirt an chéad fhinné, Martin Kannengiesser, saoránach in Echternach a bhí thart ar 45 bliana d'aois, gur dheisigh sé cúpla fuinneog ghloine sa teach don amhrastach dhá bhliain agus an chincís. Nuair a bhí péire díobh sin críochnaithe aige, chasaoid an t-amhrastach nach raibh aon airgead aici agus ina áit sin go dtabharfadh sí im agus uibheacha dó. Bhí sé sásta leis

Teach na Cúirte a bunaíodh in 1236.

an méid sin, mar murach sin go mbeadh air im a cheannach faoi bhealach. Bhí sé ina shuí sa phasáiste ag doras an tí lá nuair a tháinig Elisabeth os a chomhair – bhí an crúsca ime folamh faoin am seo. D'fhiafraigh sí de an raibh an crúsca folamh. D'fhreagair Martin nach raibh a fhios aige, go raibh aici ceist a chur ar bhean an tí, Katharina. Chuaigh Elisabeth isteach sa teach, chaith sí tamall gearr ag caint le bean an fhinné, agus tháinig sí amach go gairid ina dhiaidh sin agus a crúsca aici. Ní raibh an finné in ann a rá céard faoi a labhair siad.

Díreach ina dhiaidh sin d'ullmhaigh sé é féin le dul sa gharraí mar a raibh sé i gceist aige féar a bhaint. Thug sé leis an t-asal mar go raibh faoi ualach adhmaid a thabhairt abhaile leis ar an mbealach ar ais. Ar theacht go dtí an garraí dó, thosaigh sé ar an obair. Níorbh fhada i mbun na hoibre é nó gur airigh sé é féin chomh tinn breoite sin go raibh air síneadh siar ar feadh uair an chloig, é ag ceapadh go n-aireodh sé níos fearr ina dhiaidh. Bhí dul amú air sa mhéid sin, bhí air an obair a fhágáil gan déanamh agus filleadh ar an teach, mar ar ól sé leathlítear d'fhíon spíosraithe. Fós féin d'airigh sé é féin ag éirí níos measa. B'éigean dó dul ar an leaba leathuair an chloig tar éis a theacht abhaile dó. As sin amach bhí sé ráithe nó níos faide ligthe as agus gan aon spreac ann, sa mhéid gur le hanró mór a bhí sé in ann dul ar an gcnoc.

Anois tharla sé go raibh sé in Hardtberg ag íoc na ndeachún, ag an am céanna le Colin Hoffmann, saoránach as Echternach. D'inis sé dó céard a bhí ag goilleadh air, agus is éard a deir Colin má cheap sé gur drochdhaoine a rinne an rud sin air go raibh a fhios aigesean duine a thabharfadh cúnamh go luath dó. D'admhaigh an finné go raibh sé go deimhin den tuairim sin agus luaigh sé ina hainm an t-amhrastach Elisabeth. Anois, is é an freagra a thug Colin air go bhféadfadh an tréadaí in Schankweiler cinnte cuidiú leis, agus bheadh seisean ag teacht go Echternach go luath.

Tharla sin. Chuir Colin fios ar an bhfinné. Ní raibh sé ach feicthe ag an tréadaí nuair a dúirt sé gur maith a d'aithin sé an tinneas (easnamh) a bhí air. Thabharfadh sé cúnamh dó – dá mb'áil le Dia é – ach é a theacht leis gan mhoill go Schankweiler. Thairg sé fiú amháin don fhinné roinnt laethanta a chaitheamh leis agus nach gcosnódh sé pingin air. Ní raibh an finné in ann an t-aistear a dhéanamh láithreach, ach chuaigh sé faoi dhéin an tréadaí cúpla lá ina dhiaidh sin, agus an Colin réamhráite ina theannta, agus d'fhan sé ansin ón Déardaoin go Domhnach.

Tugadh isteach i seomra é mar ar léigh an tréadaí paidreacha as leabhar os a chionn ar feadh leathcheathrú uaire an chloig gach lá, agus á dhéanamh sin dó thugadh sé uisce coisricthe ina raibh salann dó. Nuair a bhí sé ag imeacht, thug sé tuilleadh uisce coisricthe ina raibh salann dó agus chuir sé de chomhairle air é seo a thógáil ar feadh cúig lá agus i rith an ama sin gan tine, salann ná laibhín a ligean isteach ná amach as an teach. Rinne an finné de réir na comhairle. D'airigh sé biseach ag teacht air de réir a chéile agus faoi dheireadh bhí sé arís chomh sláintiúil agus a bhí sé roimhe sin.

Dúirt an finné gur chreid sé go ndéanfaí dochar cinnte dó murach gur lean sé an dea-chomhairle sin agus gur bhain sé leas as an gcógas spioradálta. Ach, ba í Elisabeth a chuir an tinneas seo air agus í ag gabháil thairis. Chomh maith leis sin, i rith na gcúig lá sin, chas sé ar an amhrastach gach uair a d'fhág sé an teach.

Tharla an rud céanna freisin ocht lá ó shin nuair a bhí sé in éineacht leis an Colin céanna sin arís, mar a bhí roimhe sin, in Hardtberg chun na deachúna a íoc; bhí sé féin, Colin agus Johann Mundern, saoránach as Echternach, ag dul ann sa charr. Nuair a chuaigh Elisabeth thar an gcarr, scairt sé uirthi: 'Cá raibh tú anois, a asarlaí?' Agus cé nach foláir nó gur chuala sí an méid sin, lig sí uirthi féin nár chuala sí ar chor ar bith é.

Éisteacht na bhFinnéithe: Bernard Hurtt

Ba é Bernard Hurtt, saoránach as Echternach thart ar 34 bliana d'aois, an dara finné a tháinig i láthair. Dar leis-sean, sé lá sula ndearnadh Barbara, baintreach Matheis Rommers, a chur chun báis go raibh air féin agus ar Paulus Far í a ghardáil sa phríosún. An t-achar a bhí seisean ar garda uirthi, bhí sise ag iarraidh forrán a chur air. Ar deireadh dúirt sí go raibh banasarlaí eile ina cónaí sa tsráid chéanna léise agus dúirt sí gurb í an t-amhrastach, Elisabeth, an duine sin. Ba cheart í a ghabháil, mar gur chuir sí draíocht ar Martin Kannengiesser le prionta ime a cheannaigh seisean uaithi nó a fuair sé mar luach saothair uaithi. Nuair a chuir an finné fainic ansin ar an bpríosúnach gan bréag a chur ar aon duine, is é a d'fhreagair sí go raibh sí ullamh don bhás agus go gcaithfeadh sí bás a fháil, agus nach raibh sí ag cur aon bhréag ach oiread ar an duine réamhráite Elisabeth, ach go deimhin go dtabharfadh sí mionn gurbh amhlaidh an cás. Chomh maith leis sin, bhí an rud céanna ráite aici cheana le saoránaigh eile a bhí ar garda uirthi.

Éisteacht na bhFinnéithe: Colin Hoffmann

Scéal mar é a bhí ag an tríú finné, Colin Hoffmann, 60 bliain d'aois, a bhí é féin freisin ar garda ar Barbara Rommers sé nó seacht lá sular cuireadh chun báis í. Dúradh an rud céanna leis-sean, ach go ndúirt Barbara chomh maith: 'creach mhaith a bheadh inti (an t-amhrastach Elisabeth), a raibh a dóthain aici le híoc as na costais'. Taobh amuigh de sin, níor ardaigh sé aon phointe eile ach a rá go raibh saoránaigh éagsúla le roinnt blianta anuas in amhras gur chleacht Elisabeth an asarlaíocht.

Éisteacht na bhFinnéithe: Wilhelm Boess

Ba é Wilhelm Boess, thart ar 28 mbliana d'aois, an ceathrú finné. Fearacht an chéad fhinné, léirigh seisean chomh maith céanna a chreideamh sna piseoga, rud ar chreid na feirmeoirí ar fad ann an t-am siúd agus, faraor, a gcreideann go leor díobh fós inniu ann [1883].

Thart ar ceithre bliana roimhe sin, bhí dhá bhó bhainne ionlao aige. Ba leis-sean ceann díobh, fad agus a bhí an ceann eile ar léas aige ó Léonard Schmit as Herborn. A thúisce a bhí lao ag na ba, d'imigh an bainne uathu agus ba ghearr go raibh ceann de na laonna marbh. Nuair a bhí a bhean Maria luath maidin amháin ag baint leas as uisce baiste coisricthe agus salann, mar aon le hionlach coisricthe, ionas go dtiocfadh bainne arís do na ba, tháinig an t-amhrastach Elisabeth le moch maidneachain go dtína theach – a bhí ar an gcúigiú teach óna háit chónaithe féin – agus dúirt sí leis go raibh cearc imithe uirthi. D'fhreagair seisean, gurbh é ba dhóichí gurbh í sacraimint Dé a bhí imithe uirthi, óir nár thaitin sé leis í a fheiceáil. Ar iompú do bhoise, chuaigh sí thar an teach chomh fada leis an gcró. Chuaigh sí isteach an chéad doras go dtí an dara ceann, a raibh na ba taobh istigh de, agus ghlaoigh sí isteach ar bhean an tí ag fiafraí di céard a bhí sí a dhéanamh ann. Dúirt sí ansin go raibh cearc imithe uirthi. Chuir an glao gan choinne seo an oiread de scanradh ar bhean an fhinné nach raibh sí in ann freagra a thabhairt. Ina dhiaidh sin féin, bhain sí úsáid as an leigheas ach is beag an rath a bhí air mar gur cailleadh an dara lao an treas lá agus níor tháinig an bainne ar ais do na ba beag ná mór.

Go luath ina dhiaidh sin chuir Léonard Schmit scéala chuig an bhfinné á iarraidh air a bhó a thabhairt ar ais dó.

Nuair a bhí a bhó le lao a bheith aici an dara huair, chuaigh an finné chomh fada le tréadaí Alsdorf agus thug seisean rudaí coisricthe dó. Chuir Wilhelm na rudaí sin ag obair, agus tar éis don bhó a bheith trí lá ina luí, bhí lao aici agus tháinig bainne arís chuici. Dúirt sé chomh maith, go raibh amhras air dá bhrí sin – agus go raibh fiú amháin an uair sin – gur chuir an Elisabeth réamhráite draíocht ar a chuid bó, go háirithe mar go raibh sí ag díol go leor bainne ag an am sin agus nach raibh aici féin ach dhá bhó.

Éisteacht na bhFinnéithe: Sophia Thiel

Mar athrú ar chúrsaí, is bean a tháinig i láthair mar an cúigiú finné. Ba í sin Sophia, baintreach Edmund Thiel, thart ar 47 mbliana d'aois. Bhain a cuid fianaise le tréimhse níos faide siar. Sampla dúinn a fianaise den chaoi agus bealach ar creideadh go bhféadfaí tinneas a chur le hasarlaíocht ar dhuine.

Dhá bhliain déag roimhe sin, thart ar 8 nó 14 lá tar éis Lá na dTrí Rí, ag thart ar a deich a chlog ar maidin, bhí a hiníon, a bhí thart ar cúig nó sé de bhlianta d'aois, in éineacht le Margaretha (bean Bernard Boess nach maireann) sa seomra tosaigh a bhí téite go breá agus í ina suí ar stól os comhair an oighinn. Bhí Margaretha ag sníomh. Ansin tháinig an t-amhrastach Elisabeth isteach, chuimil sí cos an ghasúir lena lámha agus dúirt á dhéanamh sin di: 'Abair a leanbh, nach fuar na cosa atá ort?' Tharraing an gasúr mála an amhrastaigh chuici agus amach as an mála sin thóg sí úll a raibh plaic bainte cheana as, cé go ndúirt an t-amhrastach nach raibh dada sa mhála.

Ghlan an finné an t-úll ansin lena lámh agus thug sí don ghasúr é. D'fhan Elisabeth sa seomra tosaigh nó go raibh an t-úll beagnach ite ag an ngasúr. De réir mar ba chuimhin leis an bhfinné anois, is snáth olla a bhí á lorg ag an amhrastach mar go raibh sí le héadach daite d'olann agus líon a chur á dhéanamh tigh Bernard Boess. An tráth sin, bhí fear an fhinné imithe go dtí ceantar an Pfalz lena deartháir.

An lá dar gcionn, ní raibh an gasúr in ann dada a ithe. Bhí pian mhór ina bolg, ní raibh spreac ar bith fanta ina cosa agus is le hanró mór a bhí sí in ann iad a chur fúithi. De réir mar a bhí an t-am á chaitheamh is in olcas a bhí sí ag dul, agus ar an tríú lá ní raibh sí in ann cos a chur fúithi ar chor ar bith agus bhí uirthi fanacht ar an leaba. Mar sin a bhí sí ar feadh leathbhliana. Nuair a tharraingíodh sí a hanáil, bhí sé mar a bheadh mias adhmaid ag dul suas trína colainn go dtína croí agus d'ardaíodh colainn an ghasúir an oiread sin go bhféadfadh duine snámhaíl isteach fúithi.

Trí nó ceithre lá ina dhiaidh sin tháinig a fear ar ais as an Pfalz. Rinne sé ionadh de bhail an ghasúir agus d'fhiafraigh sé 'meas tú céard a tharla di?' D'inis an bhean dó mar a tharraing an t-amhrastach, Elisabeth, é seo ar fad lena cuimilt agus leis an úll. Mhol a fear di dul faoi dhéin an Uasail Christian, séiplíneach bhaile Echternach, chun comhairle a lorg. Thug seisean uisce baiste coisricthe agus píosa de choinneal Cásca di.

Nuair a thug sí an íocshláinte seo abhaile, tháinig an té a bhí faoi fhiosrú an bealach arís, mar a rinne sí roimhe sin, mar dhóigh de go raibh sí ag iarraidh cúpla spól snáth olla ar iasacht, agus d'fhiafraigh sí den fhinné céard a bhí sí a dhéanamh. D'fhreagair an finné go raibh a dóthain féin de chuthach uirthi mar nach raibh sé i bhfad ó tháinig bean áirithe isteach ina teach, gur chuimil sí cos a hiníne bige agus gur thug sí úll le hithe di, agus as sin go bhfuil pian mhór ar an ngasúr. Dá bhfaigheadh a fear an duine sin in áit éigin aisti féin, is go dona a rachadh sé di. D'fhreagair Elisabeth go gcaithfeadh sé gurb é an fuacht a chur an tinneas sin ar an ngasúr, agus ansin d'imigh sí léi.

Is ar éigean má bhí an finné ag iarraidh an t-uisce baiste agus cuid den phíosa de choinneal cásca a chroitheadh ar an ngasúr ná go raibh Elisabeth ar ais arís chun cúpla spól a iarraidh. Eascaine a cuireadh léi agus, nuair a tháinig fear an fhinné isteach, d'imigh sí gan aon fhreagra a thabhairt. Go gairid ina dhiaidh sin, chuaigh a fear chun cainte le Bernard Boess, nach maireann, lena fhiafraí de an raibh cúpla spól snáth olla dáiríre ag teastáil ón té a bhí faoi fhiosrú don éadach d'olann agus líon. Is é an freagra a fuair sé áfach, nárbh amhlaidh an cás, ach a mhalairt go raibh beagán farasbairr ag Elisabeth.

Leathbhliain mhaith a bhí an gasúr fós tinn. Trí nó ceithre lá sular bhásaigh sí, bhí an mháthair le dul chuig an séipéal ach glaodh ar ais uirthi mar go raibh tinneas boilg chomh mór sin ar an iníon gur airigh sí ar nós mar a bheadh buicéad leagtha anuas uirthi. Is é an chaoi ar tugadh rud éigin don leanbh, a raibh a gialla anois tite isteach ar a chéile, nó gur cuimlíodh isteach uirthi é, rud a d'fhág gur shnoigh a colainn de réir a chéile agus ar deireadh gur úsc an nimh amach aisti. Bhí an t-úsc sin faoin leanbh, agus dath dubh ar an nimh ar nós luibh na gcaor [*bierenkraut*] agus é glas agus buí. Bhásaigh an leanbh go gairid ina dhiaidh sin.

Mar a deir na finnéithe eile go léir a chuaigh roimpi, dúirt an finné seo freisin nach raibh amhras uirthi faoi aon duine eile maidir leis an tinneas agus an bás ach amháin an té a bhí faoi fhiosrú, Elisabeth. Ach go ndúirt sí freisin: Go raibh a faoistin ag Eberhardsclausen déanta mar ab iondúil aici agus gur ghlac sí an tsacraimint uasal naofa ina dhiaidh sin.

Tar éis an fhianaise a ghlacadh ón bhfinné seo, cuireadh clabhsúr leis an gcéad lá den éisteacht, ach go raibh briseadh ann ag tráth phroinn na maidine. An chéad lá eile, an 21 Lúnasa, chuir na giúistísí tuata Kartt, Henneges agus Hadamar tús le héisteacht an séú finné.

Éisteacht na bhFinnéithe: Goerg Hombach

Ba é seo Goerg Hombach, saoránach agus glascheardaí as Echternach a bhí thart ar 70 bliain d'aois. Ní inniu ná inné a tharla an cion a chuir sé i leith an té atá faoi fhiosrú. Chaithfeadh sé go raibh sé 50 bliain ó rinne sí an urchóid.

D'inis Goerg faoi mar a tharla thart ar 50 bliain roimhe sin go raibh Thunus Leyendecker as Lucsamburg ag cur faoi i mbaile Echternach, go raibh an ceart saoránachta faighte aige agus go raibh sé seal maith ag cur faoi tigh Elisabeth. Tar éis dhá bhliain, bhog sé isteach in áit chónaithe eile agus nuair a d'fhiafraigh Goerg de cad chuige go ndearna sé sin, dúirt sé, agus deora ina shúile, go raibh sé ag bogadh tí mar gur chuir an té a bhí faoi fhiosrú draíocht ar a iníon, cailín cúig bliana déag a bhí beagnach inphósta. D'aithrisíodh Thunus an scéal sin aon uair a thagadh Goerg chuige. Mhaígh an iníon freisin go raibh sí curtha faoi dhraíocht. Thaispeáin sí a lámh uair don fhinné, nach raibh anois ann ach an chnámh cham faoin gcraiceann.

Bhí cúis amhrais eile le lua ag Goerg: Thug Thunus drochbhualadh do Elisabeth ina teach féin mar gheall ar an asarlaíocht seo, ach ní raibh sí in ann aon chaoineadh a dhéanamh agus ní dhearna sí aon ghearán leis na húdaráis.

Éisteacht na bhFinnéithe: Elisabeth, bean Hans Klein

Ba í Elisabeth, an bhaintreach a d'fhág Hans Klein ina dhiaidh, (thart ar 60 bliain d'aois) an t-ochtú finné. Tharla sé thart ar 15 bliana roimhe sin gur bhuail tinneas súl duine dá hiníonacha, a bhí thart ar 13 bliana, agus mac léi a bhí thart ar 10 mbliana d'aois. Tugadh tuairisc an té a bhí faoi fhiosrú di, óir go raibh íocshláinte ar thinneas súl aicise. Thug Elisabeth dá bhrí sin a cuid gasúr go dtí an t-amhrastach tráthnóna amháin, agus bheannaigh an t-amhrastach na gasúir agus rinne sí comhartha na croise go minic os a gcionn gan leas a bhaint as aon rud eile. Nuair a chuaigh an finné ann arís an lá dar gcionn lena fhiafraí di ar mheas sí go bhféadfadh sí tuilleadh a dhéanamh dá leanaí, is é a fuair sí mar fhreagra: go ndéanfadh sí rud in aghaidh an tinnis, ach gan í a theacht an athuair chuici. Ocht lá ina dhiaidh sin bhí an cailín caoch i súil amháin, bhí súil an bhuachalla brúite amach síos go dtína leiceann ag rud a bhí cosúil le pis dhubh thiubh.

Anois, níor mhaígh an finné go raibh a cuid leanaí curtha faoi dhraíocht, ach fós féin chuir sí an milleán ar an té a bhí faoi fhiosrú mar gur chomhairligh sí di gan aon rud eile a dhéanamh. Mar sin féin tháinig an creideamh san asarlaíocht chun cinn ina dhiaidh sin, óir nuair a cuireadh fios ar an máistir Peadar, an bearbóir as Grevenmacher, a theacht chuig mainistir na Maighdine in Echternach agus go ndeachaigh an finné chomh fada leis lena beirt leanaí, dúirt sé amach díreach léi é: drochdhaoine a rinne an t-olc ar a leanaí agus ní raibh aon chabhair i ndán dóibh.

Éisteacht na bhFinnéithe: Maria, bean Wilhelm Zix

Mar an t-ochtú [*sic*] finné tháinig duine óg i láthair, Maria bean tí Wilhelm Zix, a bhí thart ar 24 bliana d'aois. Dar léise chreid a hathair, a bhí básaithe le thart ar sé bliana, gur bhean draíochta a bhí sa té a bhí faoi fhiosrú, agus – cé gur ar a chuid óil a rinne sé é – gur chuir sé eascaine léi go poiblí roinnt uaireanta ar an tsráid ag tabhairt asarlaí uirthi. Chloiseadh sise go maith é, ach ba ghnách léi dul isteach ina teach gan freagra ar bith a thabhairt. Bhí mí-ádh go leor ar a hathair leis an eallach agus bhí sé in amhras gurbh í Elisabeth ba chúis leis an mí-ádh sin, mar dhóigh de gur chuir sí draíocht ar a chuid eallaigh, agus mhol a bhean tí, a bhí básaithe chomh maith tráth na héisteachta seo, gan an té a bhí faoi fhiosrú a ligean isteach níos mó i gcró na mbó, ach iad féin cúram a dhéanamh de na beithígh a bhí tinn.

Nuair a casadh leis nár cheart dó banasarlaí a thabhairt in eascainí ar Elisabeth mar sin féin, is é a d'fhreagair sé nach ndúirt sé ach an fhírinne. Ar deireadh dúirt an finné go raibh an cháil riamh ar Elisabeth go mb'asarlaí í.

Cuireadh an éisteacht ansin ar atráth. Nuair a cuireadh atús leis an éisteacht arís tar éis phroinn na maidine, bhí an sirraim tagtha i láthair freisin in éineacht leis an tríúr giúistísí tuata thuasluaite.

Éisteacht na bhFinnéithe: Christine, bean Claus Erntzen

Ba í Christine, bean Claus Erntzen, thart ar 43 bliana d'aois, a tháinig ina láthair mar an naoú finné. D'inis sise mar a tharla luath maidin amháin deich mbliana roimhe sin, nuair a bhí a céad fhear, Michel, fós ina bheatha, gur buaileadh go trom ar an doras faoi dhó i ndiaidh a chéile. Dúirt sí lena fear fanacht go mbuailfí uair amháin eile ar an doras. Nuair nach raibh aon rud eile le cloisteáil, d'éirigh Michel ina shuí chun an doras a oscailt, rud nár fhéad sé a dhéanamh nó gur tharraing sé an doras le lán-neart a choirp. Ansin, d'oscail an doras de léim leis an oiread sin tréine agus fórsa amhail agus go raibh duine éigin ag iarraidh é a chur isteach le lán a chumhachta, agus bhuail an doras chomh láidir sin faoi chloigeann an fhir gur chuir bráicín poll ann. Ach ní raibh aon duine le feiceáil i gcóngar na háite.

Bhí Michel ag clamhsán le tinneas cinn uafásach go luath ina dhiaidh sin, d'at a lámh go tiubh agus bhí dath dubh uirthi. Tamall ina dhiaidh sin, chuaigh sé chuig bearbóir Echternach, ansin chuig bearbóir Trier agus bhain sé leas as a gcuid cógas agus íocshláinte go dtí go raibh a chloigeann agus a lámh leigheasta. Níor leigheasadh amach is amach é, áfach, is amhlaidh a d'imigh an tinneas ó lámh go lámh, ansin ina mhuineál agus faoi dheireadh ina chos dheas. Mhair sé sin seacht mbliana, nó go ndúirt an bearbóir gur dhraíocht a bhí ann agus nach bhféadfaí cúnamh ceart a thabhairt go brách dó.

Dhá bhliain a bhí sé ag imeacht ar mhaidí croise nó gur chneasaigh na cneácha faoi dheireadh. Bhí Michel, diallaiteoir a bhí ann, lá amháin sa siléar ag scoilteadh adhmaid, nuair a tháinig an té atá faoi fhiosrú chuige agus fuair sí caidéis de a bheith ina shláinte arís faoi dheireadh agus go mb'aiféala di go minic an tinneas fada a bhí air. Dúirt sí go raibh boilg sa teach aici a bhí briste agus meas tú an bhféadfadh sé caoi a chur orthu. Nuair a d'fhiafraigh Michel cén fáth nár thug sí léi iad, thairg sí go dtabharfadh.

Bhí an finné sa ghairdín an t-achar sin. Nuair a chuala sí cé a bhí ann, d'fhiafraigh sí cén gnó a bhí ag an mbanasarlaí ann; agus chun nach dtabharfaí aon leithscéal di, chuaigh an finné féin ag iarraidh na mbolg agus is í a thug ar ais arís chuici iad. Ach ní raibh na boilg briste amháin, ní raibh ann ach go raibh tairne beag in easnamh iontu agus bhuail Michel isteach arís é.

Mar luach saothair thug Elisabeth bainne i bpota beag don fhinné. Cé go raibh sise idir dhá chomhairle faoi ghlacadh leis, thug sí léi abhaile é ach dhoirt sí amach sa leithreas é. Trí lá ina dhiaidh sin, bhí na cneácha ar fad a bhí ar a fear – ar a chloigeann agus ar a lámha agus a chosa – oscailte arís.

Ag an am céanna seo cuireadh de chomhairle air dul go Grevenmacher, go raibh aoire ann a d'fhéadfadh cabhrú leis. An lá roimh an aistear ann, tháinig an té a bhí faoi fhiosrú deireanach tráthnóna go dtí an finné agus dúirt gur chuala sí go raibh Michel le dul go Grevenmacher. Dúirt sí gur thit sí anuas den choca féir agus go raibh a lámh leonta aici, agus mar sin go raibh sí ag iarraidh dul in éineacht leis go dtí an t-aoire. An chéad mhaidin eile chuaigh an bheirt i dteannta a chéile ann.

Nuair a tháinig siad chomh fada leis an aoire, darbh ainm Hans, thug seisean le tuiscint nár cheart do Michel an té a bhí faoi fhiosrú a thabhairt leis beag ná mór, óir gurb ise – chomh maith le bean eile a bhí básaithe faoin tráth seo – ba chionsiocair lena mhí-ádh. Bhí ag Michel dá bhrí sin, dó nó trí de laethanta dar gcionn, a bhean chéile a chur chuig an aoire arís le cógas leighis a fháil. Ach ní thabharfadh sé cógas leighis ar bith uaidh le tabhairt don té a bhí faoi fhiosrú.

Trí lá ina dhiaidh sin chuaigh an finné, in éineacht le saoránach eile as Echternach, darbh ainm Claus Bourgh nach maireann, go Grevenmacher. Tugadh uisce i gcrúiscín di chomh maith le rud éigin a bhí fuaite isteach in éadach lín, agus dúradh léi go raibh draíocht curtha ar a fear. Chaith Michel na cógais leighis sin, ach ní raibh aon mhaith dó ann. Chaith sé dó nó trí de bhlianta ag imeacht ar mhaidí croise agus ina dhiaidh sin leathbhliain ina luí ar a dhroim gan éirí agus go gairid roimh a bhás, bhí sé tite i bhfeoil agus níl insint ar an bpian a bhí air nuair a shíothlaigh sé. Chreid seisean, ag tráth a bháis, gurbh í an té a bhí faoi fhiosrú ba chionsiocair leis an mbail a bhí air.

Éisteacht na bhFinnéithe: Nicholaus Speer

I ndiaidh an fhinné seo tháinig an deichiú finné i láthair: Nicholaus Speer, saoránach agus táilliúir as baile Echternach, a bhí thart ar 47 mbliana d'aois. Bhí leasiníon aige, darbh ainm Eva, a bhí 24 bliana d'aois. Ocht mbliana déag roimhe sin, chasaoid sí leis go gcaithfeadh sé gurbh am éigin idir a haon déag agus a dó dhéag a chlog an oíche roimhe sin a tháinig triúr ar a leaba ina seomra. Bhí beirt acu clúdaithe ionas nach bhféadfadh sí iad a aithint. Ba í an té a bhí faoi fhiosrú, a bhí gan chlúdach, an tríú duine agus shuigh sí ar a colainn agus i gcead don chomhluadar [*salva venia*] scaoil sí anáil a boilg [*spiritum ventris*] siar ina béal agus d'fhan sí tamall fada ar an gcaoi sin gan aon rud eile a dhéanamh. Ina dhiaidh sin d'oscail doras an tseomra agus d'imigh sí léi faoi dheifir.

D'inis Eva dá leasathair, ar a shon sin, gur choisric sí í féin an tráthnóna roimhe sin.

Tar éis don triúr sin imeacht, tháinig tarraingt mhór mhínádúrtha aeir sa seomra agus nuair a d'fhéach Eva le scairt a chur aisti ar lorg cabhrach ní raibh sí in ann é a dhéanamh.

Chomh luath leis an lá dar gcionn tosaigh sí ag casaoid tinneas droma agus tháinig cruit uirthi a bhí ag éirí níos mó le himeacht ama, nó gur bhásaigh sí thart ar ceithre bliana ó shin. Trí bliana roimh a bás, tharla sé lá gur chas an té a bhí faoi fhiosrú léi. D'fhiafraigh sí di cá raibh sí ag dul agus rug sí greim ar lámh Eva agus shéid sí isteach ina héadan, rud a d'fhág láithreach gan anáil í agus gur cheap sí go bplúchfaí í. Bhí gearranáil uirthi ar feadh bliana. Bhí Eva agus a leasathair, an finné, den tuairim gurb í an té a bhí faoi fhiosrú a chuir draíocht uirthi.

Éisteacht na bhFinnéithe: Eva, bean Nisius Diederich

An 22 Lúnasa, rinne bean chéile Nisius Diederich, Eva, thart ar 29 mbliana d'aois – faoi mar a thiocfadh sé ó bhéal na leasiníne thuasluaite – gach a ndúirt Nicholaus Speer a dheimhniú, ach gurbh éard a dúirt sí faoin té a bhí faoi fhiosrú gur tháinig sí i láthair faoi léas geal agus ar an gcaoi sin go raibh sí éasca a aithint.

Éisteacht na bhFinnéithe: Eva, bean Wilhelm Boess

Ba í bean an ceathrú finné Wilhelm Boess, darbh ainm Eva, a tháinig i láthair mar an finné deiridh. Dúirt sise an athuair a raibh ráite cheana ag Wilhelm. Níl de thábhacht bhreise lena fianaise ach go ndúirt sí gurbh 'uisce coisricthe Dhomhnach Chorp Chríost agus ionlach coisricthe' a bhí i measc na gcógas a úsáideadh. Ba ise an finné deiridh, agus lena fianaise siúd a cuireadh clabhsúr le héisteacht na bhfinnéithe.

An Cúiseamh

Tar éis chomh mothaolach agus a mheasfaí na teistiméireachtaí éagsula sin a bheith, bhí siad suntasach go leor le cáil na hasarlaíochta a chur ar an té a bhí faoi fhiosrú agus í a choimeád chun freagairt don chion. Measadh go ginearálta go mba chomhartha é gur bhean draíochta duine nár thug aon fhreagra nuair a glaodh asarlaí uirthi; amanna éagsúla tháinig drochthinneas ar dhaoine tar éis di labhairt leis an duine seo nó leis an duine siúd.

Mar is eol do chách, níor tháinig léann na bhfinnéithe i gceist: thug na breithiúna chun suntais nár lú ná deichniúr den dá fhinné dhéag nach raibh scríobh acu, agus nach raibh ach duine amháin a scríobh amach a ainm ina iomláine, *Collen Hofmann*, agus go raibh duine eile ann, Georg Hambacher, nach ndearna ach na túslitreacha GH a scríobadh go dona. Fiú amháin mura raibh scríobh acu, is amhlaidh ab fhearr an tuiscint a bhí ag cléireach na cúirte ar chúrsaí. Ní raibh gach a ndúradh in aghaidh an té a bhí faoi fhiosrú in ann éalú airsean chomh héasca sin.

Nuair a shuigh an chúirt arís san iarnóin, murab ionann agus roimhe sin, bhí ionadaíocht go leor uirthi. Óir, taobh amuigh den sirriam, tháinig Kalt, Lebkucher, Henneges, Holler agus Hadamar i láthair. Tháinig an t-ionchúisitheoir *ex officio* i láthair arís le sliocht as comhad na cúise in aghaidh Barbara, baintreach Matheis Rommers, a daoradh chun báis mar bhanasarlaí an 9 Lúnasa an bhliain chéanna.

Tá comhad iomlán na cúise in aghaidh an té a bhí faoi fhiosrú, Elisabeth, fós ar fáil; rud is annamh. Mar sin féadfaimid an sliocht seo a thabhairt:

> Sliocht as cás Barbara, baintreach Matheis Rommers, as Echternach. Cion na hasarlaíochta. Daortha chun báis an 9 Lúnasa 1642. Admháil dá ndearna sí roimh, le linn agus tar éis na ceastóireachta an 2ú, 5ú agus 6ú lá den mhí, ar dá héis a bhásaigh sí gan an admháil sin

Plaic chuimhneacháin ar Theach na Cúirte.

a tharraingt siar tráth ar bith agus go deimhin ar sheas sí go daingean léi. Tá scríofa san admháil sin, maidir le duine de na daoine eile a ndearna an té sin a daoradh chun báis iad a cháineadh, an méid seo a leanas: an mhaidin dá dtagraítear, go bhfaca sise, Barbara daortha, i measc daoine eile a bhí ar láthair damhsa nó ag teacht le chéile dá leithéid féin d'asarlaithe agus de bhanasarlaithe, eadhon ar Thaeltgen beag, Elisabeth, baintreach Claussen Schroeter, bansaoránach as baile seo Echternach, agus go deimhin agus le fírinne gur aithin sí í; bhí drochghúna d'éadach donn uirthi agus caille bhán ar a cloigeann. Dúirt sí freisin nár chuir an chaille sin isteach ar an radharc a bhí aici uirthi nuair a chonaic sí í.

Bunaithe ar an sliocht sin, a raibh fianaise na bhfinnéithe mar thaca leis, d'éiligh Hartmann go ndéanfaí Elisabeth, mar dhuine bhí tugtha don asarlaíocht, a ionchúiseamh, fardal a dhéanamh ar a maoin agus déanamh de réir an chirt.

Rinne an chúirt de réir an iarratais, agus cuireadh comhad na cúirte go Lucsamburg, 'chun tuairim mheáite na ndlíodóirí uaisle a fháil i dtaobh an chirt.'

An lá dar gcionn, an 23 Lúnasa 1642, bhí an cúram ar bheirt abhcóidí, de Belva agus d'Arnould, a dtuairim a thabhairt uathu. Dá mhéid de dheifir a bhí leis an bpróis a réiteach, ba lú arís am a thóg sé an t-ordú a theacht ó na dlíodóirí: 'comhairle na n-abhcóidí de Belva agus d'Arnoult, arna dhéanamh an 23 Lúnasa 1642'.

Is é an 25 Lúnasa an dáta atá le saintuairim na n-abhcóidí féin: bheadh ag an ionchúisitheoir poiblí ar lá ar leith a chúiseamh a thabhairt chun cinn airteagal ar airteagal, na finnéithe a thabhairt i láthair an chúisí agus ansin an rud ar fad a sheoladh arís go Lucsamburg.

An 26ú lá den mhí, tháinig an sirriam agus seisear giúistísí tuata i dteannta a chéile arís. Cheadaigh siad don ionchúisitheoir poiblí an cúisí a ghabháil agus taifead a dhéanamh dá maoin. An 28ú lá, bhí sé lena chúiseamh a thabhairt i láthair airteagal ar airteagal, 'chun go ndéanfadh an cime – gan aon chabhair ó aturnae nó í a bheith *defensionales*, de réir mar is rogha libh – freagra a thabhairt ar an gcúiseamh, trácht a dhéanamh agus frith-agairt a chur i láthair.' Ansin, bheadh na finnéithe le tabhairt ina láthair agus sheolfaí comhad an cháis chuig an rialtas.

Mar a fheicimid, ní fhéadfaí aon chasaoid a dhéanamh faoin gcúis a bheith mall agus fadálach. Tharla gach rud iontach sciobtha ar fad. Is ar éigean a chreidfeadh duine gur bhain sé seo le saol duine nó go deimhin le saol daoine éagsúla. Is maith a d'fhéadfadh sé go raibh leithscéal ag na breithiúna: bhí siad ag iarraidh deireadh a chur leis an gcás go tapa, ionas go bhféadfaidís tosú níos túisce ar chás eile.

Sula raibh sé ina thráthnóna, thug ceathrar de na gardaí cúirte an cúisí chuig an bpríosún. Rinneadh taifead dá maoin freisin.

An lá a bhí leagtha síos, tháinig an t-ionchúisitheoir poiblí i láthair lena phointí cúisimh. Thug sé achoimre ghearr ar a raibh curtha i leith an chúisí, ach is léir dúinn go soiléir go ndearna sé a mhíle dícheall an méid pointí ab fhéidir a chaitheamh isteach i mullach a chéile. Nach tarcaisneach agus drochmheasúil inár súile sinne iad na focail a d'úsáid sé os comhair an tsirriam agus an tseisir de ghiúistísí tuata agus é ag cur tús leis an gcúiseamh:

> A dhaoine fíoruaisle, diana, onóracha, atá freisin cáiréiseach agus dea-intinneach, a Shirriam agus a ghiúistísí tuata bhaile Echternach, tagann in bhur láthair mar ionchúisitheoir *ex officio* an t-oineach Sebastian Hartmann, comhghiúistís tuata agus, i láthair na huaire, breitheamh fiosrúcháin stáit agus, de bhua *Reces* an 26 Lúnasa seo caite, cuirim in bhur láthair na pointí cúisimh agus na hairteagail seo a leanas, in aghaidh agus i gcoinne bhaintreach Clausen Schroetter, Elisabeth, saoránach de chuid na háite seo, cime, a bhfuil cion na hasarlaíochta curtha ina leith, agus iarraim go bhfreagródh sí na pointí cúisimh seo a leanas óna béal féin, gan chabhair ó aturnae dá cuid féin ná ó fhear comhairle eile, d'uireasa mionn in aghaidh iomraill, agus go ndéarfadh sí an bhfuil sí á n-admháil nó nach bhfuil sí á n-admháil agus go gceadófaí cruthúnas a fháil ar gach a ndéanfadh sí a shéanadh díobh sin, ach go ndeirim go bhfuil an treoir iomarcach seo á cur i gcrích faoi agóid agam:

1. Agus is fíor ar dtús, go bhfuil paidreoirí i measc an dreama a chreideann i gCríost a dhiúltaíonn do Dhia uilechumhachtach agus dá naoimh, agus a shéanann iad, a dtugtar asarlaithe agus banasarlaithe orthu.

2. Is fíor go raibh móramhras le tamall fada go raibh an cime ag gabháil don chion uafásach seo, agus gur sheachain daoine í agus go raibh eagla ag daoine roimpi dhá bharr.

3. Is fíor, go ndearna an cime trína hasarlaíocht na beithígh a bhí ag daoine éagsúla a chur faoi dhraíocht, go ndearnadh go poiblí asarlaí a thabhairt mar eascaine ar an gcime amanna éagsúla.

4. Agus cé gur leor é sin le freagra a thabhairt, ghlac sise leis an eascaine sin gan freagra a thabhairt.

5. Is maith atá a fhios nach ndearnadh aon éagóir uirthi leis an eascaine sin, agus dá réir sin thug sí aitheantas don chion.

6. Agus rud eile dhe, is fíor le cruthúnas, gur chuir an cime daoine faoi dhraíocht le him a dhíol sí leo agus a thug sí mar luach saothair dóibh, sa chaoi is gur éirigh siad tinn ar bhealach mínádúrtha.

7. Go deimhin gur bhásaigh na daoine sin go tubaisteach dá bharr, agus nach raibh cógais choisricthe in ann iad a leigheas.

8. Chomh maith leis sin, is fíor freisin, gur chuir an cime agus í ag cuardach a cuid cearc draíocht ar bheithígh dhaoine eile, go háirithe a gcuid ba a bhí díreach tar éis lao, agus gur bhain sí ar an tslí sin an bainne de na ba céanna sin ionas gur cailleadh na laonna óga go gairid ina dhiaidh sin.

9. Anois is fíor freisin é, go ndearna an cime roinnt mhaith blianta ó shin draíocht a chur ar chailín le húll a thug sí don chailín sin, agus gur chuimil sí a cos lena lámha nimheanta draíochta, ionas gur at sí amach i dtinneas ar bhealach mínádúrtha, gur fágadh ina cláiríneach í, agus tar éis tinneas fada agus pian mhór gur bhásaigh sí go cráite.

10. Sa bhreis air sin, is fíor freisin gur chuir an cime draíocht ar dhaoine le smearadh de luibh na gcaor, a d'fhág go raibh orthu blianta fada a chaitheamh breoite ar an leaba agus gur bhásaigh siad go cráite faoi dheireadh leis an mbreoiteacht sin.

11. Ba é sin an chúis a bhí ag sean-Thoenes Leyendecker an cime a bhualadh go dona uair amháin agus asarlaí a thabhairt in eascaine uirthi, mar gurbh é a ghasúr féin an duine atá luaite in Airteagal 10.

12. Is fíor freisin, gur mhaígh an cime le daoine éagsúla go raibh sí in ann cabhrú leo agus tinneas súl a leigheas trí orthaí, séideadh anála agus cuimilt.

13. Agus nuair a bhain an cime leas as orthaí, análú agus cuimilt dhiabhalta den sórt sin ar na daoine céanna sin, chaill siadsan go luath ina dhiaidh sin radharc na súl, fágadh ina mairtírigh bhochta iad agus bhásaigh siad dá bharr faoi dheireadh.

14. Is fíor go raibh an chéad fhear a bhí ag bean Claus Erntzen, ar diallaiteoir le ceird a bhí ann agus saoránach den bhaile seo, go mór in amhras gurb í an cime ba

chúis leis an mífhortún agus breoiteacht a d'fhulaing seisean agus a tharraing sise air.

15. Agus ar an gcúis sin, nuair a tháinig an cime uair amháin chun an tí chuige, mar a raibh sé ina aonar ag scoilteadh adhmaid, á rá leis go raibh boilg aici a bhí briste agus an dtabharfadh sí chuige iad lena ndeisiú, nach raibh seisean ag iarraidh iad a ghlacadh.

16. Bíodh is go raibh an cime i bhfad imithe agus nár theagmhaigh sí amháin dá cholainn lena lámha, chuir sí draíocht ar an Michel céanna sin le drochghaoth, rud a d'fhág go raibh an fear céanna sin ag éirí níos breoite le himeacht ama agus gur bhásaigh sé tar éis tinneas fada.

17. Is fíor freisin, go ndeachaigh an cime, in éineacht lena comhluadar draíochta in aer agus léas gorm, chuig daoine éagsúla ina seomraí codlata san oíche agus go ndearna sí iad a chur faoi dhraíocht sa riocht agus gur tháinig cruit mhór ar dhroim chuid acu agus gur fhág sí, lena drochghaoth agus lena hanáil dhraíochta, gearranáil orthu; is fíor gur dhearbhaigh siadsan go poiblí, ní amháin ag tráth a mbáis ach go deimhin i bhfad roimhe sin, gur ar an gcime a bhí an milleán acu as an olc sin a tharraingt orthu.

18. Ar deireadh, is fíor freisin, go ndearna Barbara, baintreach Matheis Rommers, a daoradh chun báis í féin le déanaí i gcion na hasarlaíochta, de réir sleachta as imeachtaí cúirte na mná sin, an cime a cháineadh i gcion na hasarlaíochta, agus an cion sin a chur ina leith,

agus gur dhearbhaigh an Barbara sin an méid sin go diongbháilte go dtí tráth a báis agus nár tharraing sí siar an dearbhú sin.

Is os comhair Chros an Cheartais a léití amach na breithiúnais; meastar an chros seo a bheith ann ó 1236.

Is léir gur féidir an tátal a bhaint as a bhfuil thuas go bhfuil cion na hasarlaíochta ina mhíchlú ar an gcime agus déanfadh sí anois é sin a admháil, eadhon go n-admhaíodh sí an fhírinne agus a míghníomhartha aindiaga.

Á éileamh dom dá réir sin, de bhíthin an chúisimh a raibh de dhualgas ormsa (an t-ionchúisitheoir *ex officio* uasal) a thabhairt, go dtabharfaí aitheantas trí bhreithiúnas agus de réir an chirt don olc a chleacht an cime, go mbeadh sí mar eiseamal agus sampla do dhaoine eile i dtaobh chion gráiniúil na hasarlaíochta, go ndéanfaí de réir an chirt í a phionósú agus go ngearrfaí uirthi costais na n-imeachtaí seo agus go ndéanfaí a cuid maoine go léir a choigistiú.

Gearranailís ar an scríbhinn ionchúisimh

Sula gcoinneoimid orainn leis an trácht ar an gcuid eile de na himeachtaí, ní foláir dúinn beagán a rá faoi fhiúntas na scríbhinne ionchúisimh sin. Ní foláir go bhfeicimis láithreach, mar a dúramar cheana, go ndearna an t-ionchúisitheoir poiblí a mhíle dícheall an líon is mó a d'fhéadfadh sé de phointí aonair a chaitheamh isteach i mullach a chéile. Ach chuaigh an t-ionchúisitheoir i bhfad níos faide ná sin. Ní amháin gur mhian leis gurb í an cúisí í féin, gan cabhair ó abhcóide, a dhéanfadh an cúiseamh a chosaint, ach dhiúltaigh sé, ón tús, aon fhrith-agairt fhada a bheith ann.

Fiú amháin, chuir sé cuma i bhfad níos measa ar gach ar cuireadh i leith an chúisí. Sa chás gur ar aon duine amháin a labhair na finnéithe, thagair an t-ionchúisitheoir do líon áirithe daoine. Chuir an cúisí draíocht ar bheithígh dhaoine *éagsúla* nuair a bhí sí ag cuardach na circe, chuaigh sí isteach i seomraí codlata daoine *éagsúla* i rith na hoíche, agus tháinig cruit ar a ndroim mar aon le gearranáil ar *chuid* de na daoine sin. D'áitigh sé fiú amháin gur cuireadh draíocht ar iníon Leyendecker le 'smearadh luibh na gcaor', rud nach raibh tuairiscithe i bhfianaise an fhinné. Mhaígh sé nach raibh Michel ag iarraidh na boilg a ghlacadh, cé gurb é a mhalairt ar fad a dúirt an finné, baintreach Michel, ina fianaise siúd. Mar mhámh deiridh, chuir sé i láthair an fhianaise a thug Barbara, a bhí daortha agus curtha chun báis.

Agus thugadar imeachtaí cúirte air sin, inar dhuine de na giúistísí tuata an t-ionchúisitheoir poiblí é féin – fiú amháin mura raibh sé ina shuí i mbreithiúnas leo; inar chiontach an cúisí i súile na mbreithiúna go léir; inar glacadh fiú amháin le cúisimh nár tugadh ó bhéal, ar nós na gcúiseamh a leagadh ar dhaoine luaite; nár ceadaíodh cosaint iontu; agus, ar deireadh, ina bhfaighfí gach eolas féideartha agus dofhéideartha tríd an gcéastóireacht.

Ba chosúil gur ag Barbara Rommers bhocht a bhí an ceart, nuair a thug sí 'creach bhreá' ar an gcúisí. Tá a fhios go maith gur tochras ar a gceirtlín féin a bhí ar siúl agus gur as an gceirtlín sin a sníodh go leor de na cúiseanna asarlaíochta. Má bhreathnaímid ar chuntas na gcostas i gcúis asarlaíochta eile mar é in Echternach, feicimid nuair a bhí an cúisí á céasadh gur thug an sirriam, uair amháin, 11 lítear fíona don chúirt agus uair eile go deimhin 15 lítear. D'fhág sé sin go raibh seal ar só ag an sirriam agus ag na giúistísí tuata ar chostas na mná céanna sin a bhí á cur faoin gciapadh ab uafásaí os comhair a súl. Dáiríre, cén bharúil a bheadh ag duine de chúrsaí an ama sin nuair a bhíothas in ann gníomhartha uafáis mar sin a dhéanamh!

Éisteacht an chúisí

Nuair a leagadh síos an scríbhinn cúisimh thuasluaite – nach ó lámh an ionchúisitheora phoiblí amháin a tháinig sé mar, go deimhin, go raibh aturnae ag fónamh dó – tugadh an cúisí i láthair. Bhí sí isteach agus amach le seachtó bliain d'aois, a deir sí mar fhreagra ar an gcéad cheist a cuireadh uirthi ag fiafraí faoina haois. Ansin, léadh amach na pointí cúisimh di ceann ar cheann, rinne cléireach na cúirte taifead go cúramach ar a cuid freagraí. Go dtí sin, bhí seisear giúistísí tuata i láthair taobh amuigh den sirriam, as seo amach ní raibh ann ach triúr. D'fhág an sirriam é féin chomh maith.

I ndáil leis an gcéad phointe cúisimh, d'fhreagair Elisabeth nár dhiúltaigh sí do Dhia riamh, ach gur thóg sí a cuid leanaí i gcónaí le honóir agus suáilce. Níor thug sí cúis riamh d'aon duine a bheith i bhfaitíos uirthi mar dhóigh de gur asarlaí í; ach na daoine a bhí amhlaidh, ar a slánú siúd go mbí sé. Níor tugadh banasarlaí in eascaine riamh ina saol uirthi, ach aon uair amháin a rinne Hieronimus Botzong é, agus b'in ina teach féin, mar a ndearna sé, ar chúiseanna áirithe, bean draíochta a thabhairt uirthisi, ach freisin gur thug sé asarlaithe agus deamhain ar gach duine a bhí ina gcónaí sa teach. D'iarr sé maithiúnas an mhaidin dar gcionn, agus ní raibh sise sásta glacadh lena leithscéal nó gur iarr a fear uirthi é sin a dhéanamh.

I dtaca leis an 6ú hAirteagal d'fhreagair sí: 'Ó a Thiarna, má rinne sí dochar do dhuine ar bith, go dtuga Dia a chomhartha. Níor tharraing sise fulaingt ar aon duine'. Leis sin bhuail sí a hucht agus dúirt: 'Ó foighne, foighne, mo chroí cráifeach'; agus dúirt ansin: 'Cén fáth nár thug duine ar bith bean draíochta mar eascaine uirthi an t-am sin?'

I dtaobh na bpointí cúisimh ina dhiaidh sin, d'fhreagair sí ina dhearbhchasaoid gan staonadh nach raibh sí ciontach, agus bhí sí go seasta ag guí Dé agus na Naomh.

Is i dtaca leis an 12ú hAirteagal, maidir le leigheas an tinnis súl trí orthaí, amháin a rinne sí an admháil seo a leanas:

> níor bhain sí leas as orthaí anseo, ach d'úsáid sí luibh ar a dtugtar an smál-lus [*Fleckenkraut*] a úsáidtear ar thinneas súl. Chuir sí fios ar an luibh sin ó bhean as Vianden, agus tá spotaí ar an luibh sin atá cosúil le spotaí a bhíonn ar dhuine a bhfuil smáil ar na súile aige. Bhíodh uirthi an luibh sin a úsáid mar gheall ar a mac, Johannes beag, (nach maireann agus a ndearnadh sagart de) a mbíodh smáil nó pianta seasta sna súile aige. Ní raibh sí in ann a rá cérbh í an bhean sin as Vianden agus ní raibh sí in ann a hainm a thabhairt, agus ní raibh a fhios aici ach an oiread an raibh sí fós ina beatha.

De réir mar a thuairiscítear, thug an bhean chéanna sin le fios di, nuair a bhaineadh sí an smál-lus, a bhí curtha ina gairdín aici, agus é a bhriseadh gur cheart di á dhéanamh sin di na focal seo a leanas a rá trí huaire i ndiaidh a chéile: 'Brisim thú a dhuille, is maith an tráth a rugadh Dia. Dá réir sin go mbí an tráth seo naofa. Bíodh mar sin, a Íosa Críost. Áiméan. – Go gcosnaí Dia thú, a Johannes, ón smál, ón dealg, ón [*Herbraden*] agus ón uile urchóid. Bíodh mar sin, a Íosa Críost. Áiméan.'

Deireadh sí an phaidir bheag sin trí huaire nuair a bhriseadh sí duilleoga an smál-lusa, agus arís freisin nuair a chuireadh sí na duilleoga le duine éigin, agus ní dhearna sí na duilleoga sin a bhriseadh níos mó ná trí huaire riamh. De réir mar a thuairiscítear, níor bhain sí leas as an smál-lus céanna sin le fiche bliain, mar gheall ar gur ith na cearca sa gharraí é. An uair úd, chabhraigh sí leis na daoine a tháinig chuici, ach ní raibh sí in ann cabhrú le leanaí Hans agus Els Klein mar gurbh í an bholgach a bhí orthu siúd.

An t-achar a bhí na freagraí sin á scríobh síos, bhí Elisabeth ag rá an phaidrín a bhí ina lámha aici. Ach ó bhí an t-am á chaitheamh de réir a chéile, b'éigean an chuid eile den cheistiú a chur ar atráth go dtí meán an lae.

San iarnóin d'fhreagair Elisabeth an tríú pointe déag; níor chuir sí draíocht riamh ar ghasúr le húll ná le cuimilt a lámh. Bhíodh sí in ann cur i gcoinne an chroítheannaidh [breoiteacht lena n-aireodh an t-othar go raibh teannadh sa chraiceann os cionn an chroí] ar leanaí, lena n-úsáideadh sí na focail seo a leanas, agus dúirt: 'Go leigheasa San Seán do chroítheannadh. Bíodh mar sin, a Íosa Críost. Áiméan'. Chuidigh sí le roinnt leanaí ar an gcaoi sin, ina measc Johannes Bartz, atá pósta anois. Rinne sí amhlaidh lena clann féin. Dúirt sí ina leith sin amach díreach: 'Níl aon chuid den olc ag baint leis sin'.

Maidir leis an aistear go Grevenmacher, dúirt sí gur tháinig Michel go dtína teach agus gur iarr sé uirthi dul leis go Grevenmacher. Bheadh an fear céanna sin – fear feasa – in ann cabhrú leis an mbeirt acu. Mar sin féin, ní fhaca sí an fear feasa, ach de réir mar ba chuimhin léi thug an diallaiteoir Michel uisce coisricthe ón bhfear feasa chuici lenar ionnail sí a lámha, ach níor thug an méid sin aon chúnamh di.

Tharla sé, go deimhin, os cionn 15 bliana déag roimhe sin gur thit sí agus gur buaileadh a lámh agus a crobh chomh trom sin in aghaidh an bhalla go raibh pian mhór uirthi agus nach bhféadfadh an bearbóir Hans Scher dada a dhéanamh di. Ina dhiaidh sin chuaigh sí chomh fada leis an tréadaí in Alsdorf agus thug seisean rudaí coisricthe di agus dúirt gur cheart di breithiúnas aithrí a dhéanamh; 'rinne sí an breithiúnas aithrí ach ní raibh aon chabhair di ann, agus bhí imní uirthi gur rud éigin nach raibh ceart ba chúis leis mar bhí máchail fós ar a lámh agus a crobh go ceann dhá bhliain ina dhiaidh sin'.

Le linn na héisteachta dúirt sí chomh maith:

nach raibh baint ná páirt aici leis an gceird. Dá mba

> rud é gur tharraing sí an bás ar aon duine tríd an uisce baiste a thabhairt chun bealaigh léi, gur cheart an rud céanna a dhéanamh léi féin go luath. Á mhíniú leis sin di, nuair a d'iarr an diallaiteoir Michel, réamhráite, uirthi dul leis go Grevenmacher, gur dheifrigh sí chuig iarshéiplíneach, an tUasal Peter, chun uisce baiste coisricthe a fháil agus an t-uisce sin a thabhairt léi. Chuir sé as di go ndearna sí é sin, a mhéid agus gur shocraigh sí fanacht taobh amuigh, rud a d'fhág gurb í féin a bhí thíos leis.

I dtaca leis an 17ú hAirteagal, dúirt sí:

> tráth a raibh a fear, nach maireann, fós ina bheatha gur tharla sé uair amháin ina codladh di go raibh brionglóid aici gur ardaíodh chun bealaigh í agus leis an sceimhle a bhí uirthi gur éirigh sí as a codladh aniar sa leaba, agus dúirt sí ar an bpointe lena fear, réamhráite, go raibh sí ag brionglóideach gur imigh sí san aer agus gur thit sí anuas ansin. Dá réir sin, ní fhéadfadh sí a rá an bhféadfadh sé gur tharla sé nó nár tharla. De réir mar a thuairiscítear, b'fhearr léi an bás ná an fhulaingt agus go raibh sí fada go leor ar an saol seo.

I dtaca leis an 18ú hAirteagal, an ceann deiridh den scríbhinn ionchúisimh, dúirt sí:

> ar feadh a heolais, nach ndearnadh aon trácht uirthi i gcás Barbara a cuireadh chun báis, ná i gcás aon duine eile. Go bhféadfainn (i.e. cléireach na cúirte) gach a dtogróinn a scríobh.

Tar éis an cheistiúcháin sin, thogair an chúirt cead a thabhairt don chúisí aturnae a roghnú agus í féin a chosaint. Is éard a thug sí de fhreagra nach raibh dada eile uaithi sa chás seo ach deis a thabhairt don chúirt an ceart a dhéanamh. D'éiligh an t-ionchúisitheoir poiblí ['breitheamh' atá sa téacs] ansin go dtabharfaí cead dó a chuid finnéithe a thabhairt i láthair arís an lá dar gcionn le go mbeidís in ann aghaidh a thabhairt ar an gcúisí. Glacadh lena éileamh.

Anailís ghearr ar chaint an chúisí

Meabhraímis anois an méid sin a dúirt an cúisí le linn a héisteachta, ní fhaighimid aon rud ann, áfach, a d'fhéadfadh ina súile sise nó i súile na mbreithiúna an cháil a chur uirthi go mba bhean draíochta í. Shéan sí go láidir gur bhean draíochta í agus gur tharraing sí aon fhulaingt ar aon duine lena ceird. Mar sin féin tá roinnt admhálacha ann a thugann bunús éigin don phiseogacht: go príomha na foirmlí a bhíodh in úsáid nuair a bhaineadh sí leas as an smál-lus agus nuair a bhíodh sí ag cur in aghaidh an chroítheannaidh, mar a tugadh air; go bhfuair an cúisí, mar a fuair roinnt finnéithe freisin, rudaí coisricthe ó chléireach den Eaglais chun a lámh agus a crobh a leigheas; agus, ar deireadh, an tuairim a bhí aici féin gur rud éigin nach raibh ceart ba chúis leis an ngortú a fuair sí.

Seachfhocal faoi phiseoga

Níorbh annamh ná baol air foirmlí ar nós na bhfoirmlí a

luaigh an cúisí, fiú amháin mura bhfuil mórán díobh sin fós ar marthain sa tír sin againne [Lucsamburg]. Chreid gach uile dhuine sa Mheánaois go daingean go raibh leigheas iontu agus ní dhearna an cogadh tríocha bliain, a bhí ar siúl nuair a bhí an chúis asarlaíochta seo ann, ach an creideamh sna piseoga a mhéadú tuilleadh.

Mar sin féin, caithfear a rá gur ábhar buartha é go raibh an tseafóid seo á neartú i measc an phobail ag eaglaisigh áirithe trína gcaint agus tríd an dáileadh a rinne siad ar nithe coisricthe. Chaithfeadh sé go raibh a fhios acu gur le haghaidh na bpiseog, agus é sin amháin, a bhí na rudaí sin á n-iarraidh. Chaithfeadh sé gur chreid an pobal go raibh cuid de na heaglaisigh sin in ann beagán níos mó a dhéanamh ná an chuid eile, murach sin ní bheadh na finnéithe ag cur a muiníne sna tréadaithe in Schankweiler agus Alsdorf. Más searmanais eaglasta a bhí i gceist, bheadh an t-eaglaiseach ba ghaire dóibh in ann an rud céanna a dhéanamh.

Tá a fhios go maith cé chomh forleathan a bhí an creideamh i mbanasarlaithe agus i bhfir draíochta. Tá an creideamh sin fós chomh mór sin i meon an phobail gur ar éigean inniu féin má tá aon cheantar amháin sa tír ar fad nach bhfuil daoine ann a chreideann fós [1883] gur ann do bhanasarlaithe.

Na finnéithe i láthair an chúisí sa túr

An 29 Lúnasa chuaigh an sirriam agus triúr giúistísí tuata go dtí an cúisí sa túr. Léadh amach fianaise gach finné arís

Áit an mhargaidh a mbíodh an príosún ina aice.

di, agus tugadh na finnéithe ina láthair. Sheas siadsan go léir, gan eisceacht, leis an bhfianaise a thug siad níos túisce, ach dá réir is amhlaidh is diongbháilte a bhí an cúisí faoina neamhchiontacht. I measc na rudaí breise a dúirt na finnéithe, faighimid gur labhair Hans Goerg [Goerg Hombach] chomh maith ar smearadh luibh na gcaor lenar cuireadh draíocht ar leanbh Thoenus Leyendecker.

Le linn na héisteachta, is ar a glúine is mó a bhí an cúisí, í ag rá an phaidrín agus í go seasta ag impí chun Dé agus na Naomh a theacht i bhfianaise ar a neamhchiontacht. Ina dhiaidh sin d'éiligh an t-ionchúisitheoir poiblí, 'go gcuirfí an cime, i bhfianaise an tséanta dhiongbháilte a bhí ar siúl aici, faoin bpróiseas pianúil ina ndéantar ceistiú agus céastóireacht chun an fhírinne ghlan a fháil', agus ina dhiaidh sin chinn an chúirt – a raibh a líon iomlán anois ann – comhad an cháis a chur arís go Lucsamburg chun go bhféadfaí tuairim na saineolaithe dlí a fháil. In íochtar an chinnidh sin, tá an nóta gonta seo scríofa: 'Le comhairle na n-abhcóidí [de] Belva agus d'Arnould. Arna dhéanamh an 30 Lúnasa 1642'.

Comhairle na ndlíodóirí athcheistiú a dhéanamh

Feictear nach bhféadfaí an cás a chíoradh blas níos sciobtha. Is amhlaidh go bhfuil dáta an 1 Meán Fómhair ar shaintuairim na n-abhcóidí agus go deimhin gur seoladh tráthnóna an lae céanna go Echternach é. Mar a bheifí ag súil leis, bhí an bheirt dlíodóirí freisin lánchinnte de chiontacht an chúisí.

Go sonrach, ba cheart tuilleadh fiosrúcháin a dhéanamh faoi úsáid an smál-lusa. Bhí na breithiúna lena fháil amach ón gcúisí:

> Cén chaoi a bhfuair sí amach go mbíodh an smál-lus in úsáid ag an mbean áirithe sin as Vianden agus cén chaoi ar tháinig an luibh sin go dtí bhur gcime ón mbean amhrasta sin, agus cén uair agus cé mhéad bliain ó shin ó tharla an méid sin?
>
> *Ítim:* Cén duine a raibh na smáil ar a shúile an t-am sin agus an ndeachaigh an bhean réamhráite chomh fada leis an gcúisí nó ar tháinig duine éigin eile go Echternach?
>
> *Ítim:* Cé chomh fada a bhí sí ina teannta chun na focail a thug sí ina freagra a fhoghlaim? An ndúirt sí na focail sin gach uair a bhris sí an luibh agus cé na daoine ar bhain sí leas as an luibh sin chun a leasa?
>
> *Ítim:* Ar mhúin bhur gcime an cheird sin d'aon duine eile i mbaile Echternach nó lasmuigh den bhaile sin? Agus dá réir sin, conas a chabhraigh sí le leanaí éagsúla a bhí fiche míle uaithi, mar atá le léamh as an bhfianaise a thug an 7ú finné nuair a bhí sé i láthair an chúisí?

An té a chomhairligh agus a theagasc bhur gcime ar na cúrsaí seo, go ngníomhódh sé uair eile don chime trí bhíthin *defensionales* agus go ndéanfaí frith-agairt le haturnae ainmnithe, agus go ndéanfaí gach a tharla agus a freagra air sin a scríobh amach focal ar fhocal.

> Dá mbeadh glacadh ansin ag an sirriam agus na giúistísí tuata réamhráite, breithiúna an cháis seo, le tátal *ad torturam* an ionchúisitheora, agus an cime ionchúisithe a chiontú, déanadh an cime sin leorghníomh sna cionta a luadh i bhfianaise na bhfinnéithe ina haghaidh agus ba chóir, áfach, go ndéanfaí an saol Críostaí a mheabhrú go láidir don chime réamhráite ar dtús, chun go n-inseodh sí an fhírinne cheart faoi an oiread sin scéalta cruthaithe i dtaobh chion na hasarlaíochta atá curtha ina leith, agus ba chóir an méid sin a dhéanamh ar shlí chinntitheach, ach a áirithiú go ndéanfaí taifead *ad notam* ar a cuid freagraí ar gach pointe ionchúisimh a chuirtear chuici agus go ndéanfar amhlaidh i dtaobh an chaoi a ndéanfar na freagraí sin a mheas, agus a mheas go grinn.

Osclaíodh an tsaintuairim seo an 2 Meán Fómhair i lathair an tsirriam agus cúigear giúistísí tuata, agus d'fhág triúr díobh sin, Hartt, Lebkucher agus Masius, díreach ina dhiaidh sin. Chuaigh an triúr eile go dtí an príosún chun an cime a cheistiú uair amháin eile de réir a raibh sa tsaintuairim.

D'inis Elisabeth go raibh cleamhnaí in Vianden aici darbh ainm Theis Schroetter, deartháir a fir nach maireann. D'iarr bean a cleamhnaí uirthi a cuid beannachtaí a chur leis an mbean thuasluaite as Vianden, a bhí ar an Mosel [abhainn & ceantar] ag an am. Ó tharla go raibh tinneas súl ar a mac Johannes, a bhí 4 bliana d'aois an uair sin, agus go raibh sé tolgtha le smáil, d'inis sí a drochscéala don bhean thuasluaite. Gheall sise an smál-lus a sheoladh chuici, mhúin sí an phaidir bheag di a bhí ag teastáil lena aghaidh agus d'inis di cén chaoi lena chur ag oibriú.

Ina dhiaidh sin, d'úsáid sí an smál-lus ar a mac agus ba ghearr gur chuidigh sé, díreach mar a chuidigh sé, má ba bhuan a cuimhne, le daoine eile faoi dhó. Dúirt an bhean chéanna léi an tráth sin:

> nuair a d'úsáidfeadh sí an luibh sin agus na focail atá tuairiscithe thuas a rá amach go bhféadfadh sí cabhrú le duine mura ndéanfadh sí ach an t-ainm a bhí ar an marach a lua. D'fhágfadh sé sin go ndéanfaí í a tabhairt chun bealaigh agus nach ligfí léi a beo, de réir mar a thuairiscítear, ach ní raibh aithne aici ar an mbean sin agus ní raibh a fhios aici cén t-ainm a bhí uirthi.

Ansin d'inis sí faoi thrí chás; chabhraigh an smál-lus láithreach le duine acu ach níorbh amhlaidh an scéal leis an mbeirt eile. Dúirt sí ansin:

> ba cheart tuilleadh a bheith déanta, is é sin chaithfí 15 Ár nAthair, 15 Ave Maria agus 3 Chré na nAspal a rá chomh maith leis sin chun an rud a chríochnú. Dhéanadh sí féin an phaidreoireacht sin ar a dá ghlúin nochta gach uair.

Mhaígh an cúisí ansin, nár mhúin sí an cheird sin d'aon duine eile, agus go deimhin ar chomhairle a hiníne thug sí cead seargtha sa ghairdín don smál-lus.

Á ceistiú faoi ar úsáid sí a ceird ar dhaoine a raibh cónaí orthu i bhfad ó bhaile, dúirt sí:

> go ndúirt an bhean thuasluaite as Vianden léi, má bhí smáil ar dhuine agus go ndéanfaí an luibh a bhriseadh ar an mbealach a bhfuil cur síos thuas air – ar chuntar go mbeadh ainm an duine ar eolas agat fiú amháin mura mbeadh sé in aice láimhe ach in áit éigin eile – go gcuideodh sé. Ach dúirt sí freisin, go gcaithfí fós féin an luibh a sheoladh chuig an duine céanna sin cé go mbeadh na paidreacha ráite cheana; á rá go raibh sé scríofa sa Scríbhinn Naofa, go gcuireann an phaidir séala ar gach rud.

Ós rud é, fiú amháin ag an tráth seo, nach raibh an cúisí sásta cluas ar bith a thabhairt do thairiscintí ar aturnae nó ar fhrith-agairt, agus ós rud é nár thogair sí pléadáil ciontach ach an oiread, cinneadh go ndéanfaí an chéastóireacht uirthi.

An chéastóireacht

Nuair a bhí an chéastóireacht thubaisteach sin le déanamh san iarnóin, bhí cúigear giúistísí tuata ann chomh maith leis an sirriam. Chuaigh siad ar fad go dtí an príosún agus chuir siad fainic ar an gcúisí smaoineamh ar a hanam, agus ina dhiaidh sin tugadh ar láimh don chéastúnach, Máistir Caspar, í. Bhagair seisean ar dtús an chéastóireacht uirthi, ansin bhain sé di na bróga, na stocaí, an léine chnis agus an gúna; cheangail sé na lámha le chéile taobh thiar dá droim agus ansin chuir na lámha sa téad[5], ach go raibh sí fós ina seasamh ar an talamh. Ceann ar cheann, cuireadh na hairteagail éagsúla ina leith uair amháin eile. Ach chloígh sí go diongbháilte lena chéad ráiteas, go raibh sí neamhchiontach, nár chuir sí draíocht riamh ar aon duine, nach bhfacthas ach oiread riamh í i gcumann Barbara a bhí daortha agus curtha chun báis.

Mhair an chéad chéim seo den chéastóireacht leathuair an chloig.

> De bhrí, ina dhiaidh sin féin, go raibh sí chomh diongbháilte gan admháil a dhéanamh, in ainneoin ar tugadh d'fholáirimh di, gan beann ar an saol Críostaí a bheith á mheabhrú di agus gur ceistíodh í ar an tslí ba dhéine chun go n-admhódh sí an fhírinne sula gcuirfí tuilleadh péine uirthi, agus nach raibh aon tionchar ag an méid sin ar fad, tarraingíodh í den chéad uair beagán beag in airde den talamh, agus dúirt sí nach raibh faic le hadmháil aici, á rá di: 'Ó a Íosa, trócaire orm agus bhí carthanach liom'; á rá di 'Impím oraibh naoimh uile Dé', agus í á rá sin arís agus arís eile. Dúirt sí freisin: 'Ó a Mhac Dháiví, déan trócaire orm'; á rá: 'Áiméan a Íosa, Áiméan a Íosa'; nach dtréigfeadh an ceart agus Dia í, de réir mar a thuairiscítear, nach

[5] Is éard a bhí sa chéim seo den chéastóireacht, go gceanglaítí lámha an chúisí taobh thiar dá droim. Ansin dhéantaí í a tharraingt le téad a bhí ceangailte de na lámha, ar dtús a mhéid sin nach raibh ach cosa an chréatúir i dteagmháil ar éigean leis an talamh, ansin dhéantaí í a tharraingt tuilleadh nó, ar deireadh, go ndéantaí meáchan trom nó clocha a cheangal de na cosa – mura ndéanfadh an céastúnach é féin lena ghiollaí a meáchan siadsan a chur ar an íospartach.

raibh faic le hadmháil aici faoi na rudaí sin. Go dtuga Dia comhartha ó Neamh anuas, lena léiriú má bhí sí ciontach sa chion; á rá di: 'Ó mo chroí, caithfidh sé go bhfuil sé ag briseadh'.

Ar an dóigh sin bhíothas á hardú ach á scaoileadh anuas ina dhiaidh arís. Agus tar éis di a bheith leathcheathrú uaire an chloig faoi chéastóireacht agus í airde méire ardaithe den talamh, ligeadh anuas arís í, maolaíodh an chéastóireacht agus lagadh an téad. Agus dúirt sí nach raibh sí meallta ag an drochnamhaid, nach raibh aon olc déanta aici a bheadh le hadmháil aici, de réir mar a thuairiscítear, gur cheart go mbeifí trócaireach léi; nach raibh inti ach créatúr bocht lag; nach raibh faic le hadmháil aici; go raibh sí ag súil leis an uair a bheadh an chéim seo curtha di aici agus go dtabharfadh Dia leis as an saol seo í. Ghuigh sí an Mhaighdean bheannaithe agus naoimh uile Dé.

Nuair a bhí an téad bogtha agus í scaoilte as an gcuing, cuireadh fainic uirthi smaoineamh ar a hanam agus an cion a bhí ina coinne a admháil, agus fágadh an cime, nár baineadh aon deoir aisti agus nár shil aon deoir leis an gcéastóireacht,[6] thuas i dtúr an phríosúin.

[6] Comhartha soiléir go raibh sí i bpáirtíocht leis an diabhal; murach sin chaithfeadh sí caoineadh a dhéanamh. Dá mba rud é gur tharla sé gur chaoin sí, is é an tuiscint a bhaintí as sin go hiondúil ná gurbh amhlaidh a chuidigh an diabhal léi é a dhéanamh.

Clabhsúr na n-imeachtaí

> Tar éis na n-imeachtaí sin tháinig an sirriam uasal agus an chúirt i ndáil chomhairle i dteach na cúirte, mar ar tháinig an t-ionchúisitheoir *ex officio* i láthair agus thug le fios, de bhrí nach raibh an t-aturnae sa bhaile faoi láthair agus go raibh cás coiriúil eile in aghaidh Urmiss Beltzbach, baintreach, fós gan chríochnú, go raibh socraithe aige comhairle dlí a lorg agus dá bhrí sin go gcaithfí an chéastóireacht in aghaidh na mná céanna seo a chur siar go dtí an lá dar gcionn agus go gcuirfí a chonclúid i láthair an lá dar gcionn freisin. Toilíodh dá iarraidh. Arna dhéanamh in Echternach an 2 Meán Fómhair 1642.

Sin againn an chúis, is dócha, nach raibh ach triúr giúistísí tuata ag formhór na n-éisteachtaí, agus beagnach i gcónaí gurb iad an dream ceannann céanna a bhí i láthair. Roinn na giúistísí tuata an obair leis an sirriam, triúr do gach aon chás agus cheistigh siad na banasarlaithe a chuir an t-ionchúisitheoir poiblí mar bhaoite fháiltiúil chucu.

> An lá dar gcionn, an uair seo os comhair an tsirriam agus seisear giúistísí tuata, tháinig an t-ionchúisitheoir poiblí i láthair in éineacht lena aturnae Nikolaus Weitzfeld agus mhínigh sé – de bhrí gur cuireadh in iúl dó go ndeachaigh an cime tríd an gcéastóireacht agus gur fhan sí diongbháilte gan aon admháil a dhéanamh, cé go mba leor mar chruthúnas do chion na hasarlaíochta gach a raibh i bhfianaise na bhfinnéithe agus sa sliocht as an gcás a cuireadh faoi bhráid na

cúirte – go n-éileodh sé tuilleadh céastóireachta agus céastóireacht níos láidre a dhéanamh in aghaidh na mná céanna sin chun breis eolais a fháil ina haghaidh a d'fhéadfadh sé a chur i láthair. Sa chás, áfach, nach nglacfaí go lánmhuiníneach leis an tátal sin aige, d'éileodh sé díbirt agus díbliú ina haghaidh, lena ngabhfadh dearbhú i dtaobh chostais na cúirte, i bhfianaise go ndearna an cime, de réir a hadmhála féin, orthaí dícheadaithe agus toirmiscthe a úsáid go minic agus go ndeachaigh sí ar a lorg.

Cros an Cheartais.

I gcomhréir leis an dlí, seoladh an achainí go Lucsamburg agus ansin an [...] Meán Fómhair cuireadh faoi bhráid na n-abhcóidí [de] Belva agus d'Arnauldt í chun a saintuairim a fháil. Sa tsaintuairim sin, dár dáta an 6 Meán Fómhair, iarradh orthu an cúisí a ligean saor ar an ngeallúint uaithi go dtiocfadh sí os comhair na cúirte arís a thúisce a d'éileofaí é sin uirthi, ach go ngearrfaí uirthi na costais mar aon le fíneáil de 25 Herrngulden mar gheall ar an ortha dícheadaithe.

An 7 Meán Fómhair, léadh amach an breithiúnas sin don chúisí i láthair an tsirriam agus na ngiúistísí tuata Lebkucher, Masius, Henneges agus Hadamar, agus ina dhiaidh sin scaoileadh saor as an mbraighdeanas í.

An Dr. N. van Werveke

Nóta Beathaisnéise Nicolas van Werveke

Nicholas van Werveke a scríobh 'Ein Hexenprozeβ zu Echternach'.

Rugadh Nicolas van Werveke (1851–1926) in Diekirch i Lucsamburg. Fuair sé a chuid oideachais mar staraí in Ollscoil Bonn. Fear ildánach a bhí gníomhach sa stair, i dtaighde cultúir agus i dtaighde teanga, agus é ag saothrú leis go dtí roinnt seachtainí sular éag sé. Scríobh sé 90 saothar speisialtachta agus is liosta le háireamh a chuid alt i nuachtáin agus in irisí. Bhí sé ina rúnaí ar Institiúid na hArd-Diúcachta agus ina chaomhnóir i roinn na staire den Mhúsaem. Bhunaigh sé meánscoil do chailíní i Lucsamburg (1909) agus ba é a bhí ina chéad phríomh-oide ar an scoil sin. D'fhoilsigh sé catalóg de na lámhscríbhinní a bhí sa leabharlann náisiúnta agus tá *Kulturgeschichte des Luxemburger Landes* (Stair Chultúir Lucsamburg) ar cheann dá mhórshaothair.

Sa bhliain 1883 a foilsíodh 'Ein Hexenprozeβ zu Echternach' san iris sheachtainiúil *Das Luxemburger Land*, leis an gcéad chuid ar fáil in eagrán an 4 Feabhra na bliana sin.

(Príomhfhoinse: *Tageblatt*. 24/02/1926. (Lucsamburg))

Sonraíocht CIP Leabharlann na Breataine. Tá taifead catalóige i gcomhair an leabhair seo ar fáil ó Leabharlann na Breataine.

Tá Cois Life buíoch de Chlár na Leabhar Gaeilge (Foras na Gaeilge) agus den Chomhairle Ealaíon as a gcúnamh.

An chéad chló 2013

ISBN 978 1 907494 32 1

Grianghraif in 'Na Teamplóirí' agus 'Cúis Asarlaíochta in Echternach': Labhrás Ó Finneadha

Grianghraif in 'Litreacha as Éirinn' le caoinchead ó Leabharlann Náisiúnta na hÉireann

Clúdach agus dearadh: Alan Keogh

Clódóirí: Nicholson & Bass Ltd.

www.coislife.ie

Asarlaíocht, Gorta agus Teamplóirí

Litreacha as Éirinn

le

Moritz Hartmann

Famine is in thy cheeks,
Need and oppression starveth in thy eyes,
Upon thy back hangs ragged misery,
The world is not thy friend, nor the world's law.
(Shakespeare, *Romeo and Juliet*, 5.1.71-74)

Ó Londain go Learpholl[1]

A chara! Níor mhaith liom go ligfinn rudaí i ndearmad tar éis dhá lá agus féachaim leis, ar a laghad trí na litreacha seo ar dtús, cabhrú le cuimhní gearra carad a dhúiseacht. Tá aidhm eile leis na línte seo, a thabhairt ortsa an t-aistear céanna a dhéanamh a bhfuil cuid de curtha díom anois agamsa. Níl sé ach trí lá ó d'fhág mé Londain agus nach iomaí sin rud suimiúil atá feicthe agam agus nach iomaí sin eachtra a bhain díom. Is geall le páirc ollmhór amháin lán rachmais agus pléisiúir an tír ar fad, nó go dtiocfar go Birmingham. Níl a shamhail ar bith leis na bailte agus na háiteanna – leis na túir agus na tithe móra grástúla Sasanacha – ach gur le teann spraoi a rinneadh iad chun go gcuirfidís le híomhá seo na páirce. Ach i gcodarsnacht leis sin, dubh le deatach atá Birmingham, mar a bheadh Ifreann ann.

Uair an chloig a bhí agam le breathnú air ón stáisiún traenach, ach bhí orm a fhiafraí díom féin an mbeadh sé de

[1] An chéad litir as seo síos. 'Baile Átha Cliath, Iúil, 1850.'

mhisneach agam dul amach faoin *'sulphurous canopy'*,[2] mar a deir Campbell. As sin go Learpholl, ní raibh ann ach bia, gal agus gual. Is é Strafford amháin atá mar thamhnach idir an dá áit sin.

Ní raibh Learpholl i bhfad ag cur na híomhá den Pháirc Shasanach as mo chloigeann. Nó go raibh sé amach deireanach san oíche agus go meán lae an lá dar gcionn, chuaigh mé ag strácáil trí shráideanna leathana agus trí chúngshráideanna, ach tháinig mé trasna ar chuid acu nár leomh liom cos a chur iontu. An bhochtaineacht seo, an fhulaingt seo, brocamas an duine – ní cheapfá go bhféadfadh sé a bheith níos measa, is é sin go deimhin, nó go bhfeicfeá Baile Átha Cliath. Agus buailte leis an mbochtaineacht seo, tá an saibhreas as cuimse!

Mar bhaile cuain, is beag nach bhfuil níos mó tábhachta le Learpholl ná atá le Londain. Tá an calafort níos mó agus níos deise agus é spéiriúil go seó. Tógaimis fear taistil neamhurchóideach, mar shampla duine atá ag taisteal le barr taitnimh agus a bhean óg bhláfar ina theannta, duine nach mbíonn riachtanais shóisialta mhíshona á n-iompar ar fud an domhain aige agus nach mbíonn air éalú isteach i dtaobhshráidíní ina bhfuil an phlá agus an morgadh ag gabháil lena anáil – shamhlófaí do thaistealaí den sórt sin go bhféadfadh Learpholl, ag breathnú air ón bhfarraige, a bheith ar cheann de na bailte móra is spéiriúla agus is deise ar domhan. Ach is díomá bhrónach atá i ndán don té a bhfuil sé de mhisneach aige breathnú níos grinne ar an íomhá cheomhar seo.

[2] As an dán 'Hoehenlinden' le Thomas Campbell (1777–1844).

An turas báid go hÉirinn

Bhí turas an bháid go haoibhinn ar fad. Is féidir Learpholl a fheiceáil ar feadh i bhfad amach lena thithe solais agus a chaisleáin. Nuair a imíonn sé as amharc, is iad cnoic na Breataine Bige anois a bhíonn mar thionlacaí cairdiúil agat, agus long i ndiaidh loinge ag gabháil thar bráid.

Faoi dheireadh bhíomar ar an bhfarraige mhór. Bhí an comhluadar ar bheagán suntais, seachas roinnt gasúr sciamhach a bhí ag spraoi ar an deic agus Éireannach a bhí ag cur paiste ar a chóta, gach uile sheans go mba chomhartha onóra dá oileán dúchais é roinnt paistí nua a chur suas. Ach ba shaothar in aisce aige é. San áit ar sháigh sé an tsnáthaid stróic an t-éadach lofa agus tháinig poll nua ann. Mar sin a chaith an fear bocht an iarnóin ag obair, go réidh sócúlach – ní fhéadfá gan meas a bheith agat air.

Uair amháin tháinig éirí in airde ar an gcomhluadar go léir; cuireadh amach an glao: *'Porpoises!'*, agus dheifrigh gach uile dhuine anonn lena bhfeiceáil. Chuaigh báire iomlán den iasc ollmhór sin sa snámh le hais an bháid, bhí siad ag tumadh agus ag teacht aníos arís, ag spraoi, sách grástúil, sa sáile soilseach. Chuaigh ormsa an focal *porpoises* a aimsiú i m'fhoclóir agus níl a fhios agam fós ar siorcanna, míolta móra nó deilfeanna a chonaic mé. Sílim gurb iad na deilfeanna iad.

Bhí dul faoi na gréine, faoi mar a déarfadh muintir na tíre sin agaibhse – 'an-ghleoite'. Bhí mise i mo luí ar an deic, mo chóta mór umam, nó go raibh sé amach deireanach san oíche. Céard a déarfá, a chailín dhil, ach gur chum mé an véarsa seo a leanas?

Ar an bhfarraige mhór liom féin!
I m'aonar ar an mbóchna léith!
Gan faram ach spéir agus solas ré,
agus éin na mara le mo thaobh.
Ach seo isteach faoi mo chroí
mar a dhéanann tú féin
só agus séan: is é is mó ná scíth,
is é sin cumas an dearmaid! (A)[3]

[4] Nuair a leag mé uaim an cleite san oíche Dé Sathairn, le scíth a thabhairt do mo cheann traochta, ní raibh a fhios agam go mbeadh an oiread sin ábhair agam le scríobh faoi sa chaoi agus nach bhfuil a fhios agam inniu cá dtosóidh mé. Sa litir, tá mé fós ar an bhfarraige mhór, go taibhríoch, aer na mara á shú isteach agam, ag cumadh véarsaí – agus i ndáiríre tá mo cheann ar fad, mo chroí go hiomlán líonta le réaltacht bhrónach agus dheas Bhaile Átha Cliath.

Nach mór fairsing a bhfuil de rudaí deasa feicthe agam! Ach nílim ag iarraidh litir lán de dhíograis a scríobh chugat, ach treoir a scríobh sa chás go dtogrófá fós a theacht anseo. Nuair a dhúisigh mé maidin Dé Sathairn bhí mé i gcalafort Bhaile Átha Cliath. Choinnigh an oíche dheas sin an t-achar sin ar an deic mé gur chodail mé amach agus gur éalaigh éirí na gréine os cionn na farraige orm.

[3] Féach véarsa Gearmáinise (A) ó bhuntéacs Mortiz Hartmann san aguisín.

[4] An dara litir as seo síos.

Nach aoibhinn ciúin é
sa chábán slán
le bualadh rialta
an innill ghluaiste,
Ar an bhfuinneoigín a bhuaileann
tonnta na hoíche
mar a dhéanann ar ár gcroí
an bheatha atá ionainn. (B)[5]

Óstán i mBaile Átha Cliath

Is ait mar a d'éirigh liom cur fúm i *very cheap hotel.* Bhí an fear a d'iompair mo chuid málaí dom ceaptha mé a thabhairt go dtí Óstán Hamilton, óstán a moladh dom ar an long. Ach ó tharla go raibh an t-óstán sin fós dúnta, choinnigh mo dhuine air gan dada a rá agus bhuail sé ar an doras ar an gcéad cheann eile, é á áitiú go simplí orm gur cuma dáiríre cén t-óstán a gcuirfidh duine faoi ann nuair nach bhfuil ó dhuine ach áit le fanacht.

B'in é an chéad sampla de chomh saonta atá na hÉireannaigh. Chonaic mé an dara sampla nuair a chaith an freastalaí casaoid liom, agus é ag cuimilt na súl, cén fáth a dtiocfainn chomh luath sin ar maidin.

Chuaigh mé amach ag spaisteoireacht láithreach. D'éirigh chomh maith sin liom – bain do chiall féin as – agus nuair a

[5] Féach véarsa Gearmáinise (B) ó bhuntéacs Mortiz Hartmann san aguisín.

thug mé cuairt ar an Uasal J.B. ar a deich a chlog, a raibh sé molta dom dul chun cainte leis, gur chuir sé iontas air an cur amach a bhí agam ar Bhaile Átha Cliath agus is ar éigean a chreid sé nach raibh mé tagtha ach le ceithre huaire an chloig.

Bochtaineacht Bhaile Átha Cliath

Tá an chathair fíorálainn, spéiriúil, suimiúil agus aisteach, agus is cinnte go mbeadh sí ar cheann de na cathracha is taitneamhaí, murach go bhfuil an ainnise is scáfara agus is dobrónaí le feiceáil fút agus tharat. Níl cur síos ar bith ar an mbochtaineacht seo, a fhorleitheadaí í, agus na prochóga uafásacha ina bhfuil sí. Go deimhin na sráideanna sin i Londain a bhfuil cónaí ar Éireannaigh iontu, a léirigh mé cheana duit, ní thugann siad an tsamhailt is lú dá bhfuil le feiceáil i ngach áit anseo. Samhlaigh cathair an-mhór, agus sráideanna inti mar a bheadh i Londain agus gurb iad na bochtáin is boichte amuigh amháin atá ina gcónaí sna sráideanna sin – agus an uair sin féin níl agat ach tuiscint mheath ar an gcaoi a bhfuil formhór na gceantar uirbeach i mBaile Átha Cliath.

Duine as deichniúr, ar a mhéad, dá gcastar ort atá gléasta go cuibhiúil. Den chuid eile, níl léine ar sheachtar díobh; fiú amháin agus an cóta dúnta suas acu, is le háireamh a bhfuil d'áiteanna a bhfuil an craiceann leis ann. Sea a mh'anam, chonaic mé go leor leor ar mó nocht a bhíodar ná faoi éadach. Maidir leis an bhfinscéal álainn faoi rí na Peirse, a raibh léine an té ba shona uaidh agus a chuir á cuardach thuas agus thíos agus faoi dheireadh go bhfuarthas amach nach raibh léine ar bith ar an té ba shona a bhí, is finscéal dhúbailte anseo é, go deimhin scannal. Tá na scáilí ocracha seo a mhaireann mar a bheadh beithígh ann gafa chomh fada nach bhfuil siad in ann sonas ar bith a aireachtáil; raicíteas orthu ina n-óige, fásann siad aníos faoi ocras agus cailltear den tsnoiteacht iad.

Gabhann na mná go léir leis an striapachas, agus is minic mná chomh breá agus chomh hálainn sin ina measc nár cheart do dhuine a bheith ag casaoid orthu siúd amháin, ach freisin ar na daoine a bhí siad ceaptha a shásamh. Tá formhór mhná na hÉireann go hálainn, nó ar a laghad tá tréithe míne ag roinnt leo; ach is uafásaí dá réir an scéal atá greanta ag an duáilce seo ina n-éadan. Bíonn an cóitín deas sin ar beagnach gach duine acu, mar a bhíonn againne freisin sa Ghearmáin, mar shampla i gceantar Eisenach, agus bíonn an hata tuí ar gach uile dhuine amháin acu, an hata céanna lena n-aithnítear na mná déirce as Éirinn i Londain. Is cuma cé chomh stróicthe stiallta atá an hata, nó a bhfuil de phoill ann, bíonn an hata á chaitheamh i gcónaí acu.

Seo mar a dúirt Gearmánach liom, ar chas mé air anseo agus a bhfuil cur amach ar Éirinn leis na blianta aige – agus é ag cur a chuid eolais go léir agus a bhreithiúnas ar na hÉireannaigh i bhfocail: Is cinnte gur dream iontu féin iad, nuair atá hata ar gach bean déirce agus 'Ó' na huaisleachta roimh a ainm ag gach fear.

Agus is dream ar leith iad go deimhin, iad éagsúil ó phobail uile na mór-roinne ar gach slí. Is le Lazarónaigh Napoli is mó atá cosúlacht acu, b'fhéidir, ach tá siad níos dea-chroíúla, níos saonta agus in ainneoin an tsalachair atá tagtha as an ainnise, tá siad níos glaine ó chroí. Ní Lazarónach ó nádúr an tÉireannach, oibríonn sé go toiliúil le greim a bhéil a shaothrú. Ach déanann sé go croíúil é agus cuireann sé cos i dtaca in aghaidh an anró agus an obair chapaill a éilíonn an Sasanach. Nach bhfuil an ceart aige sa mhéid sin? An chun oibre amháin atáimid ar an saol seo? Nó nach é go mór fada gur chun maireachtála atáimid anseo?

Á, dá mbeadh an obair seo roinnte go cóir! Is éard atá mé a rá, gur cheart go mbeadh dóthain spáis agus ama fágtha ag cách le taitneamh a bhaint as an saol. Ach is é an chaoi a bhfuil cúrsaí leagtha amach ag Sasana agus ag saol an lae inniu go mbíonn ar na milliúin fós dreo agus bás a fháil ag an gcéachta, ar mheaisíní agus sna mianaigh, ionas go bhféadfaidh an mionlach a bheith ar a só agus gan faic na ngrást a dhéanamh. Cruthaíonn an nádúr, arb é an fhírinne é agus atá gar dá chroí ag an Éireannach, an cumas ann a chos a chur i dtaca in aghaidh an dúshaothraithe agus an dreo seo.

Agus is é sin go díreach a chuireann an Sasanach ina leith. Nuair a chailltear den ocras é agus é ag cur i gcoinne a bheith ag obair ceithre huaire déag an chloig, tá a cheart sin aige agus is mairtíreach é don fhírinne agus do shaoirse an duine.

Ach ar ndóigh is brónach é, na mairtírigh seo a fheiceáil le do dhá shúil féin. Is é an t-ocras, agus ní aon rud eile, a fhágann an dreach chaomh seo ar an mná, is é an díomhaointeas a thugann dóibh na géaga míne, neamh-mhillte; nach cásmhar an scéal é. Bíonn na fir ina luí taobh amuigh dá n-áras, ar choirnéil sráide, ar na droichid agus iad ag fámaireacht amhail agus nach mbeidh aon fheiceáil ar theacht isteach acu. Nuair a théann an strainséir thar bráid, síneann siad amach an lámh gan dada a rá. Tá sé sin féin caite i dtraipisí ag go leor acu agus is é an chaoi a mbíonn siad ina luí ansin gan chorraí agus iad ag breathnú ar an gcóta maith atá ar an té atá ag siúl tharstu nó féachann siad ar an gcapall cairr, b'fhéidir go héadmhar, agus an socmhála ar a phus.

Sna sráideanna feictear ar fud na bhfud na máithreacha agus a gcuid leanaí ina ngabháil acu, leanaí rompu agus leanaí ina ndiaidh, mar a bheadh cearc ghoir thruamhéalach ann agus gan gráinne coirce le fáil aici.

Áit chónaithe bhochtáin Bhaile Átha Cliath

Ní thógfaidh tú orm é tuairisc a thabhairt ar áiteanna cónaithe na ndaoine mí-ádhúla seo, a chuimsíonn ar a laghad trí cheathrún de shráideanna Bhaile Átha Cliath (murab é a mhéid é, is é a líon, mar go gcónaíonn siadsan sna sráideanna cúnga, fad atá lucht an rachmais ar ndóigh ag cur fúthu sna sráideanna móra agus ar na cearnóga). Táim ag caint ar árasáin cosúil leo sin atá in aice le Sráid Phádraig.

Is mór atá feicthe agam i mbailte beaga agus i sráideanna Giúdacha na Bóihéime; bhí mé sa tSléisia freisin agus sna codanna sin de Westfalen inar cráifeach lucht an tsaibhris. Bhí mo chion féin den tsamhlaíocht i gcónaí freisin agam le go bhféadfainn a bhfaca mé a mhéadú faoi dheich chun íomhá a chruthú dom féin agus mé ag léamh sna tuairiscí taistil faoin ainnise in Éirinn. Ach dá mbeadh de shamhlaíocht agam lena bhfaca mé roimhe sin a mhéadú faoi chéad agus drochsprid na hainnise a charnadh le chéile, níor leor é. Bhí an ceart ag Robert Emmet ceanncheathrú a réabhlóide a bheith aige i Sráid Phádraig. Tá ábhar bithbhuan na réabhlóide carntha i mullach a chéile ansin, tá Tiarna bithbheo don réabhlóid ina chónaí ann.

Tugaidís bille i ndiaidh bille isteach i bparlaimint Shasana; tógaidís tithe na mbocht – ceann de dhroim a chéile; bíodh na hAontachtaithe chomh grádiaúil sin agus go dtabharfaidh siad an céadú cuid in áit an míliú cuid dá dteacht isteach do na boicht: ní leigheasfaidh siad an fhulaingt seo atá curtha leis an céadta bliain ag Sasana, ní féidir an ailse seo a ghearradh

Lána an Fháltaigh gar do Shráid Phádraig.

amach, mairfidh sí léi ag creimeadh agus ag scriosadh. An dtabharfaidh an ailse seo Sasana léi? An dtabharfaidh sí léi Éire, Éire bhocht aonair atá léi féin ina teach aicíde? – Sin í an cheist.

Labhraínn Macaulay ina réamhrá dá Stair le bród faoi na heachtraithe Sasanacha a bhunaigh impireachtaí san India i gcéin, impireachtaí a bhí níos mó agus níos buaine ná Impireacht Alastair. Ach an cáil é Impireacht a bhunú san India i gcéin, nuair atá an ainnise dhuairc sa bhaile ar leac do dhorais féin? Tiocfaidh an lá agus breathnófar siar ar an gcáil sin le drochmheas. Níor chuir pobail fhíoruaisle riamh dreamanna eile faoi chos. D'fhan siad sa bhaile agus mhaisigh iad féin, 'mar a mhaisíonn an rós é féin'. Chuaigh muintir na hAisiria, na Babalóine agus na Peirse ar fud an domhain ag cur daoine faoi chos; ní dheachaigh na Gréagaigh thar teorainn amach ach amháin mar Argónáití ag lorg na n-idéal a measadh a bheith ann nó chun na Traí chun bean fhuadaithe a thabhairt abhaile nó faoi dheireadh i gcló coilíneachtaí síochánta chun daoine a lonnú i gcodanna folmha den domhan agus an tsibhialtacht a thabhairt do phobail nua.

Ach mo dhearmad, is cur faoi chos a rinne na Sasanaigh féin in Éirinn, agus go deimhin tá sé ar siúl fós inniu acu. Tá na comharthaí le feiceáil gach uile áit i mBaile Átha Cliath gur cathair í atá curtha faoi chos; tá saighdiúirí ina bplóid anseo, rud atá annamh i Londain, agus tá lear mór cótaí dearga le feiceáil anseo gach uile áit. Tá beairicí ollmhóra i ngach áit, agus is fíordhún smachta i mBaile Átha Cliath é an caisleáin atá i lár na cathrach. Maidir leis na *policemen*, a raibh meas agatsa orthu mar shearbhóntaí don phobal i Londain, is póilíos amach is amach anseo iad faoi mar atá ar an mór-roinn. Bíonn smaichtíní troma ar iompar ag a bhformhór agus tá siad garg, eascairdiúil. Díbríonn siad na daoine rompu amach mar a bheifí ag seoladh beithíoch; nuair a bhíonn daoine á ngabháil acu, leagann siad go talamh iad agus brúnn siad thart iad agus tugann bualadh dóibh.

Tharla sé i Londain uair gur chas mé le póilí é gur chaith sé go garbh le cailín a bhí ag lorg déirce, agus é tar éis í a bhualadh agus líomóga a bhaint aisti, is é a thug sé de fhreagra gearr orm: *'Bah, it is an Irish girl'.*

Nuair a fhiafraítear den Éireannach, cén chiall atá leis na túir chruinne atá le feiceáil ar chnoic an chuain, freagraíonn sé: Tá siad sin ann mar chosaint in aghaidh na bhFrancach nó na Meiriceánach, dá dtagaidís lá éigin i gcabhair orainn. Ní ritheann sé leis an Éireannach go bhféadfadh sé gur ann do na túir lena n-úsáid mar chosaint don chalafort. Tá a muinín agus a gcairdeas i gcónaí sa Fhrainc, mar atá ag na Polannaigh, cé go ndearna an Fhrainc feall orthu na céadta uair, faoi mar a rinne siad ar na Polannaigh. Dúirt mé le hÉireannach uair gur lú a dhéantar gáire anseo fúm féin agus m'fhéasóg ná mar a rinneadh i Sasana, agus is é a thug sé de fhreagra orm: Sin mar gheall ar go gceaptar anseo gur Francach tú, agus tá gean againn ar na Francaigh.

Le gairid anois tá tnúthán na hÉireann á dhíriú freisin ar Mheiriceá. Go deimhin, is é Meiriceá an t-aon tír as a bhféadfaidh cabhair teacht chuici dáiríre: ach cén fhad a mhairfidh sé sin?

Séadchomharthaí

Tá sé le feiceáil freisin ó shráideanna, séadchomharthaí agus tithe go bhfuiltear ag iarraidh lorg Shasana a chur go tréan ar an gcathair faoi fhorghabháil; a chur ina luí uirthi gurb é stair Shasana agus cáil Shasana cáil agus stair na cathrach féin. Is ainmneacha cáiliúla Sasanacha atá ar an gcuid is mó de na sráideanna, seachas na cinn is sine. Is é Moore Street amháin a bhfuil ainm Éireannach den nuashaol air. Taobh amuigh de sin feictear Grafton Street, Cumberland Street etc. Tá Cumberland Steet ainmnithe i ndiaidh an Diúic a bhí ina cheannaire ar ghéarleanúint fhuilteach na nOráisteach ar na hÉireannaigh.

Os comhair Choláiste na Tríonóide, tá an fear a choinnigh na hÉireannaigh amach as an gcoláiste le feiceáil ar mhuin capaill agus, mar a bheadh ina ábhar magaidh, tá sé scríofa ar an gcolún gur cuireadh in airde é *ob restitutam fidem*. Táim ag tagairt do dhealbh Uilliam III. Cén t-iontas gurb é a gheallann an té a théann sa bhuíon faoi thalamh ná go séidfidh sé go mullach an aeir an Uilliam sin a thúisce a thiocfaidh an Réabhlóid? Níl sé sin tarlaithe ar ndóigh, ach d'fhéadfadh na hÉireannaigh cion an chirt a dhéanamh, chomh gránna agus atá an séadchomhartha. Péint dhonn air; tá Uilliam III – le hórshnáithe ar a ghualainn agus beilt – ina shuí ar an gcapall mór mar a bheadh taoiseach na ndeargchraicneach ina chulaith is fearr. Is é a staidiúir amháin atá fíor-Shasanach, uachtar a cholainne cúbtha amach agus a íochtar uaidh siar.

Sa tsráid álainn Sackville Street [Sráid Uí Chonaill] tá Nelson ar a cholún, agus ó Pháirc an Fhionnuisce amach tá pirimid

Dealbh Uilliam III.

Páirc an Fhionnuisce agus Leacht Wellington.

os cionn na cathrach ina bhfuil ainmneacha na bpáirceanna ina ndearna Wellington an t-ár. B'fhearr go mór leis an dá laoch sin Éire a bheith buailte ná í a fheiceáil faoi réim. Ach cén chabhair é sin? Caitheann Sasana le hÉirinn mar a chaithfeadh drochthuismitheoir le gasúr: *caithfidh* sé an bia nach dtaitníonn leis a shlogadh siar.

Ceann de na séadchomharthaí is truamhéalaí i mBaile Átha Cliath ná Teach na dTeachtaí, mar a bhí tráth, áit a mbíodh ar a laghad scáth na saoirse uair ach ar a bhfuil tiarnas anois ag Sasana agus a chuid airgid, óir tá banc déanta anois de Theach na dTeachtaí. Tá aghaidh fhíorstairiúil ag an bhfoirgneamh mór leathan lena cholúin de chlocha dorcha cearnógacha. Ar an gcéad amharc, is stair fhada mhaoithneach atá á hinsint aige. Nuair a d'fheicinn an foirgneamh sin bhíodh orm smaoineamh i gcónaí ar an tráth uasal, maoithneach sin nuair a labhair an fear beag sin Grattan, lena shúile spréacha, ón doras amach leis na daoine; an tráth ar chuir an tAontas, mar a thugtar air, an chuid deiridh de neamhspleáchas na hÉireann i gcré na cille. Thug an pobal ar ghuaillí arda le liúnna trí na sráideanna é – cén mhaith a rinne sé? B'fhéidir go raibh maitheas éigin ann. I measc an tslua bhí ógánach beag leathanghuailleach, Dónall Ó Conaill. Cé aige atá a fhios céard iad na smaointe móra a shocraigh sé ina intinn an uair sin?

Ó Conaill agus Cruinniú Reipéil

Inniu féin, ní thugann muintir na háite d'ainm ar an bhfoirgneamh colúnach seo ach an House of Commons. Tá sé nasctha go dílis i gcónaí leis na seanchuimhní agus lena chuid mairtíreach, idir bheo agus mharbh. Is ainmneacha naofa don teach seo Lord Edward Fitzgerald, Wolfe Tone, Russell, Robert Emmet. Ach tá ainm Uí Chonaill níos mó ná a gcuid ainmneacha siúd ar fad, an fear a dtugtar an Fuascailteoir air nó an gríosóir mór. Tá a phortráid le feiceáil i bhfuinneog gach siopa pictiúr, idir mhór agus bheag, agus portráidí de Mitchel, Smith O'Brien, J. Duffy agus mar sin de ina thimpeall. Faoi phictiúr O'Brien chonaic mé an véarsa seo a leanas:

Whether on the scaffold high,
Whether in the battle's van,
The fittest place, where man can die,
Is where he dies for man.

A bhféadfaí é a aistriú mar seo:

Más anseo in ard na croiche,
Nó san áit a mbláthaíonn éag an tsléachta –
Ní fearrde áit chun bás a thuilleamh,
Ná mar a síothlaíonn anam do chúis an duine. (C)[6]

Bhí mé i láthair nuair a léigh Éireannach coipthe an véarsa seo amach do shlua a bhí chomh coipthe céanna leis. D'fhreagair siad an véarsa le *Hurá* do na tírghráthóirí maithe ar fad agus do na daoine a bhí díbeartha ó thír amach.

[6] Féach véarsa Gearmáinise (C) ó bhuntéacs Mortiz Hartmann san aguisín.

Ina dhiaidh sin is uile, níl aon dul chun cinn á dhéanamh ag gríosadh an Reipéil. Go deimhin is mó chun suain atá sé ag dul ó bhásaigh Ó Conaill. Is fíor a rá go bhfuil an rud is mó agus is cirte atá ann ag brath ar phearsantachtaí. Fírinne bhrónach don uile dhuine a throideann in aghaidh an ró-údaráis!

Bhí mé ag cruinniú inniu agus cheapfainnse gurb é an ceann deiridh acu é. Ó bhásaigh an Gríosóir Mór tagann lucht an Reipéil i mbail a chéile uair sa tseachtain sa Reconciliations Hall. Ach tá an líon a thagann ag laghdú i gcónaí, agus ní raibh an céad féin i láthair inniu. Chuaigh an tUasal Samuel Law sa chathaoir. Bhí daoine i suíocháin na dtírghráthóirí agus na *repealers*, ach folamh a bhí suíocháin an choiste. Ba é John O'Connell an t-aon duine de chomhaltaí an choiste a tháinig i láthair. Chuir an cruinniú beag fáilte roimhe le hardú na hataí agus le gártha arda. Ach ní raibh an fháilte chroíúil in ann sonas a chur ina éadan brónach. A mhalairt, a luaithe a chuaigh an cathaoirleach sa chathaoir, thosaigh sé ag clamhsán go géar faoi neamhpháirteachas na tíre agus an díograis ar son na cúise a bheith dulta in éag.

Labhair an cathaoirleach, gan aon athrú ar thuin a ghutha, agus rinne sé codarsnacht bhrónach idir cúrsaí mar a bhí agus mar atá siad anois; idir an t-am a mbíodh an Reconciliations Hall ag cur thar maoil agus a mbíodh na mílte punt á thabhairt isteach in aghaidh na seachtaine ag cíos an Reipéil, agus an t-am i láthair nuair is é a laghad céanna scillingí atá le feiceáil agus atá ann de lucht an Reipéil.

Nuair a dúradh an méid sin, chaith cúpla duine as an slua suimeanna beaga airgid ar bhord an rúnaí. Lig a bhformhór acu osna astu agus choinnigh siad a lámha gan chorraí i bpócaí folmha. Bhí roinnt ban ar an áiléar agus iad ag caoineadh.

Ar deireadh, thug John O'Connell cinneadh an choiste ar aird: na cruinnithe a chur ar fionraí agus feitheamh ar am níos fearr. Chuir sé i bhfios go láidir nach raibh an cumann á lánscor leis an méid sin, go gcoinneodh an coiste orthu agus go n-oibreoidís siad le gach neart ach go mbeadh na cruinnithe gan mhaith le cur ar ceal, iad curtha ar atráth. Bhí sé le feiceáil nár chreid sé féin sna focail. Is lú ná sin a chreid an lucht éisteachta é.

Ach nuair a labhair sé ar a dhea-thoil, ar é a bheith ullamh chun gach rud a dhéanamh 'ar son na cúise', tugadh tacaíocht dó le gleo agus díograis. Labhair sé cúpla focal freisin faoina laghad cumais a bhí aige féin, gurbh eol dó a laghad tábhacht a bhí leis, ach bháigh a lucht éisteachta an chaint sin a rá a mhalairt.

As sin ar aghaidh bhí ciúnas sa chomhluadar. Tuigeadh domsa go raibh mé i láthair ag uair an bháis do na cruinnithe Reipéil. An ghluaiseacht a raibh tús chomh mór sin léi, a tharraing aird an domhain mhóir uirthi féin agus a bhain croitheadh tráth as Sasana tréan go croí isteach, tháinig deireadh léi anseo ina tost, gan fhuaim, mar a bheadh sruth sa ghaineamh, mar a bheadh duine a bhí cáiliúil tráth ligthe i ndearmad anois i gcúinne dhorcha ospidéil ar an anáil deiridh.

Is foirgneamh simplí, téagartha é an Reconciliations Hall atá ar Ché an Choirce, gan aon mhaisiú air beagnach seachas an rilíf de Chruit na hÉireann. Tá an seomra istigh chomh simplí céanna. Tá áiléir spásmhar timpeall le balla do na mná, arbh iadsan ba dhíograisí a lean Ó Conaill. Bhí focal molta aige dóibh i mbeagnach gach óráid cruinnithe a thug sé. Tá deasc an rúnaí ag cos chathaoir an chathaoirligh, atá ar ardán. Tá na suíocháin don choiste ar chlé agus ar dheis mar aon le suíocháin do 'strainséirí fiúntacha'. Is féidir áit suite a fháil i gceann de na suíocháin fiúntacha sin ar réal.

Nó ar a laghad ar bith rinne mise é agus bhí de bhuntáiste agam go raibh mé in ann gach a raibh cruinnithe a fheiceáil amach romham agus John O'Connell díreach le mo thaobh. Ní dhéanfá amach ar a chuid cainte, ach an oiread, gur duine tábhachtach é John O'Connell. Is cosúil gur beag tréithe atá faighte óna athair aige. Tá sé cúthaileach san óráidíocht. Is minic gan é in ann a bhfuil sé ag iarraidh a rá a chur i bhfocal, ansin bíonn stad san óráid agus é ag breathnú ar an talamh nó ag méirínteacht leis na páipéir ina lámh. Tagann an focal chuige faoi dheireadh, ach is laige i bhfad é ná mar a bheifí ag súil leis ó thús na habairte.

Is ar éigean a thiocfaidh méadú ar an tábhacht atá le John O'Connell. Níl sé san aois níos mó a bhféadfadh fear foghlaim. Tá sé maol agus is fada úire na hóige imithe óna éadan, atá ar an éadan is gnáthaí amuigh. De réir na bpictiúr, níl aon chosúlacht aige ach an oiread lena athair. Shílfeá gur duine simplí, uasal é – agus sin an méid. Ba phearsa an-ildánach a bhí ina athair, faoi mar is fíor faoi gach duine a cruthaíodh chun na daoine a spreagadh chun gluaiseachta.

Ba léir dom é sin freisin as comhrá a bhí agam i dteach ósta beag le fir na háite a raibh aithne mhaith acu air.

'Leon a bhí ann!' a deir duine acu, 'níos láidre ná leon na Breataine.' 'Ara níorbh ea,' arsa an dara duine, 'ní raibh ann ach go raibh sé chomh láidir le leon agus uasal, ach thairis sin is sionnach a bhí ann.' '*Bulldog* a bhí ann,' a dúirt an tríú duine. 'Níorbh ea, ach coileach troda!' a d'fhógair an ceathrú duine. Agus bhí an cúigiú duine ann, a bhí leath ar meisce ina luí ar bhinse, dhírigh sé aniar go téiglí agus dúirt ag cogaint na bhfocal dó: 'Dlíodóir mór a bhí ann agus ceannaire mór, ach bhí an iomarca grá don tsíocháin aige.'

B'fhacthas dom, i leith an fhir a labhair an abairt deiridh sin, gur lú a cheap sé de ghríosadh síochánta ná de chaint Uí Chonaill féin, caint a bhí mar a bheadh oidhreacht dá náisiún fuaite i litreacha órga ar veilbhit os cionn chathaoir an chathaoirligh sa Halla, eadhon na focail: *The man who commits a crime gives strength to the enemy. O'Connell.* Agus ar an taobh eile den chathaoir bhí le léamh i litreacha órga ar veilbhit dhubh: *O'Connell is dead! Irishmen as you revere his Memory owing to his Principles.*

Is lú a leantar an treoir dheiridh sin agus tá a chúiseanna leis. Ní lucht gríosta síochánta iad scoláirí agus comharbaí Uí Chonaill, ach lucht réabhlóide cruthaithe. Déarfainn gur mó ná comhtharlú é, déarfainn gur tuar stairiúil é, gur dúnadh na súile ar Ó Conaill díreach roimh Éirí Amach 1848. Tá pointí áirithe sa stair nach leor ann féin athchóiriú agus gríosadh síochánta lena mbaint amach. Tá leithéidí Mitchel agus Smith O'Brien ina dtráth féin chomh ceart céanna agus a bhí sean-Dan ina thráth siúd.

Díoltóir leabhar

[7] Cuireadh isteach orm, tháinig fear anseo chugam ó cheannaí seandachtaí agus beart seanleabhar aige mar aon le bróisiúir faoi réabhlóid na nÉireannach Aontaithe agus Éirí Amach 1803. Nuair a bhí mé á íoc as an stró a chuir sé air féin, thug mé faoi deara gur dhuine den dream líonmhar sin é nach féidir a rá ina dtaobh ar gaire dá gcraiceann an léine nó an cóta. Thug mé léine le caitheamh dó gan eisean an t-éadach mar chosaint síne a iarraidh orm. Le teann iontais chas sé an t-éadach i bhfad ina lámha, d'fhéach uair ormsa agus ansin ar an tabhartas agus faoi dheireadh d'fhiafraigh sé díom cén gnó a bheadh aige de. Mhínigh mé go múinte dó an buntáiste a bheadh le hearra den sórt sin a bheith ina sheilbh aige, ach is beag tionchar ba léir a bheith aige sin.

'Níl aon chleachtadh agam air', a deir sé faoi dheireadh ag ardú na malaí. Agus mar fhreagra ar an gceist ar chaith sé aon léine riamh, dúirt sé: 'Ó chaith, corruair. Ach is fada ó shin anois é.'

Tar éis cúpla nóiméad d'fhiafraigh sé arís: 'Ar liomsa an léine anois mar sin?' 'Sea go deimhin!' 'Anois ós liomsa í féadfaidh mé mo rogha rud a dhéanamh léi. Díolfaidh mé leat í.' Á rá sin dó, thairg sé dom í leis an meangadh is láiche agus leis an ngeáitse is grástúla ar domhan. 'Tabhair leat í', a deir sé ansin, 'ligfidh mé leat an-saor í. Trí pingine agus bíodh sí agat.' Thug mé dó na trí pingine agus d'fhág mé aige an léine.

[7] An tríú litir as seo síos: 'Uair an chloig níos déanaí.'

Sin anois scéilín beag fíor-Éireannach agat. Is aoibhinn liom mar bhriseadh é sin; tugann sé athrú poirt dom le hais na cainte polaitíochta agus fágfaidh mé mar sin an téama is fearr pléite le deich mbliana anuas sna nuachtáin agus tabharfaidh mé tuairisc duit ar an lá álainn a bhí inné agam.

Turas go Kingstown [Dún Laoghaire]

Dé Domhnaigh a bhí ann. Bhí an ghrian ag scalladh; ní raibh scamall sa spéir agus bhuail mé bóthar go luath ar mo bhealach go Kingstown. Tá sé ar cheann de na turais is deise le déanamh. Téann an bóthar iarainn feadh an chósta theas de Chuan Bhaile Átha Cliath agus in áiteanna téann sé tríd an gcuan féin. Tá na carráistí go ciallmhar lánoscailte ionas nach n-éalóidh dada den radharc aoibhinn ar dhuine.

De réir a chéile imíonn Baile Átha Cliath; níl le feiceáil ag an taistealaí ach crainn seoil agus túir os cionn na ngairdíní trí cheo gorm na maidine. Leathnaíonn an cuan amach agus amach agus feiceann duine ar an gcósta thall maolchnoc aonair Bhinn Éadair, a fholaíonn lena starráin an t-oileán chreageach Ireland's Eye [Inis Mac Neasáin], súil dhobrónach na hÉireann.

I bhfad soir uainn tá cúpla bád seoil ar snámh agus iad ag fanacht leis an taoide le go mbeidh snámh isteach sa chuan aíochta acu. Buailte ar an mbóthar iarainn anseo agus ansiúd tá longa a bhfuil cuma thruamhéalach orthu atá fágtha triomaithe ag an taoide trá – mar a bheadh daoine agus an saol síothlaithe astu. Is íoróineach é an t-ancaire atá go domhain sa láib; is in aisce a shéideann gaoth na maidine na seolta a bhfuil a gcúrsa curtha.

Tagaimid muid go dtí an Charraig Dhubh. Tá tithe beaga deasa tuaithe ann atá ina sraitheanna suas an cnoc, agus ar feadh an bhóthair iarainn chomh fada le Kingstown. Ach ní *villas* Sasanacha iad; sna gairdíní, áit a mbeadh cachtas curtha ag an Sasanach, tá na fataí ag cur amach na mbláthanna umhla, fiú agus go bhfuil a bhformhór feoite.

Is deas anseo é. I ngeall ar ghaireacht na farraige dúinn caitheann sí an loinnir ar ais ar an gcnoc, cromann agus umhlaíonn na crainn agus na sceacha i ngaoth na maidine, tá na faoileáin ag guairdeall os ár gcionn ar feadh an bhealaigh –

Cuan Kingstown (Cuan Dhún Laoghaire inniu).

ar cuid dá ngnáthógsan é seo i gcónaí. Anall thar an bhfarraige tá cloig an Domhnaigh as Kingstown agus as Baile Átha Cliath le cloisteáil. Sna gairdíní i measc na sceach agus na nduilliúr tá aithreacha, máithreacha agus gasúir ina suí chun bricfeasta agus croitheann hataí agus naipcíní linn ag beannú dúinn. Ar bharr na gcnoc tá bratchrainn aonair gach uile áit, agus bratach ag gaothraíl orthu in onóir an Domhnaigh. Cheapfá go bhfuil an tiománaí traenach tite ina chodladh nó ag guí, óir go sleamhnaímíd muid go réidh, mall tríd an áilleacht.

In Kingstown, tagaimid amach den traein ag an gcalafort beag, aoibhinn, áit a bhfuil na galltáin mhóra go ciúin brionglóideach ina ucht; na galltáin a ghabhfaidh go Learpholl agus Béal Feirste tráthnóna agus cuid eile acu atá ag réiteach do thurais pléisiúir an Domhnaigh. Tá an teach solais ag glónrú faoi sholas na gréine. Ar na carraigeacha, atá scaipthe thart ar an gcósta mar a bheadh fothracha mórpháláis ann, tá grúpaí atá ag fanacht le dul chun Aifrinn agus iad ag ligean don ghrian a n-aghaidh a dhó.

Is áit dheas é Kingstown, a bhfuil ardán réidh ann aníos ón gcuan agus tá mórcharraig leathmhaol Dheilginse mar chúlra aige. Sa tulra feictear aghaidh lonrach shraith tithe áille tuaithe a bhfuil a n-aghaidh amach ar dhroim na mara. Tá lochtáin agus gairdíní ar feadh an bhealaigh síos go calafort.

Tá litir agam le tabhairt do dhuine den ghluaiseacht Éire Óg, ach nach bhfuil a sheoladh ar eolas agam. Cuirim tuairisc agus is gearr go mbíonn slua mór daoine i mo thimpeall atá ag iarraidh gach uile chúnamh a thabhairt dom agus a imíonn ansin sna ceithre hairde ag tóraíocht faisnéise.

Tar éis uair an chloig de chuardach in aisce, téim isteach i siopa torthaí le bricfeasta a chaitheamh. Insíonn na cailíní iad féin dom go bhfuil Caitlicigh, Protastúnaigh, Caecair agus Meitidistigh ina gcónaí in Kingstown agus go maireann siad lena chéile go lán síochánta.

Ar aghaidh go Deilginis

As Kingstown chuaigh mé ar an traein faoi ghluaisne atmaisféarach go Deilginis. Níl mórán den tír le feiceáil mar gur faoin talamh is mó atá an bóthar iarainn. Nuair a tháinig mé amach arís faoi sholas an lae, dheamhan a aithne ach gur i sráidbhaile Iodálach a bhí mé. Bhí gairdíní agus tithe tuaithe deisiúla, áille ag péacadh aníos as an talamh a bhí rualoiscthe nó triomaithe amach. Idir tithe agus gairdíní bhí an fharraige gan teorainn le feiceáil ar gach taobh, a bhí ag ruaigeadh cúir isteach ar na carraigeacha ollmhóra ar an gcladach. Tá an sráidbhaile uile faoi scáth maolchnoic mheidhrigh, a bhfuil pirimid ar a mhullach, a bhfuil a mhala clúdaithe le carraigeacha agus nach bhfuil an glas ach go tearc ag teacht tríd. Bhí teach aonair anseo agus ansiúd ar dhroim an chnoic. Ní léir ón taobh seo go bhfuil an taistealaí ainchleachta ag breathnú isteach i gcuid de Ghairdín Pharthais, Cuan Chill Iníon Léinín.

Níl a fhios agam cá dtabharfaidh mé m'aghaidh ar dtús agus leanaim an slua amach as an stáisiún. Tháinig *Gentleman* cairdiúil faoi mo dhéin. *'A fine day, Sir!' 'A very fine day, Sir!'* Ansin labhair sé Fraincis, d'fhreagair mé é agus dúirt gur Gearmánach mé. 'Gearmánach!' a deir sé. 'Féach anseo an leabhar atá liom i mo phóca agam!' Agus tarraingíonn sé amach an *Dreißigjährigen Krieg* [An Cogadh Tríocha Bhliain] a scríobh Schiller. 'Táim ag foghlaim Gearmáinise,' a deir sé, 'is aoibhinn liom an teanga seo, is í an teanga is boige, is milse agus is dea-fhuaime de na teangacha go léir í.' Táimse rómhúinte, agus rólán de thírghrá, lena mhalairt a rá.

Taispeánann sé an leabhar dom (ba chosúil é le téacsleabhar Gréigise a bheadh ag drochscoláire, agus roinnt *pia fraus* réitithe don scrúdú aige) agus d'fhiafraigh sé díom cén bhrí a bhí le focail éagsúla, nach raibh sé in ann a ndéanamh amach in ainneoin a mhíle dícheall agus in ainneoin na bhfoclóirí uile. B'fhocail san aimsir neamhfhoirfe agus rangabhálacha ba mhó a bhí iontu. Bhí sé trína chéile ag an abairt: *Unter Maximilian II. genossen die Protestanten eine vollkommene Toleranz.* [I nGaeilge: Faoi Maximilian II, bhí caoinfhulaingt iomlán le teachtadh ag na Protastúnaigh.] Bhí sé trína chéile ag an abairt: *Unter Maximilian II. genossen die Protestanten eine vollkommene Toleranz.* [I nGaeilge: Faoi Maximilian II, bhí caoinfhulaingt iomlán le teachtadh ag na Protastúnaigh.] Fiú amháin ar a thuiscint gur ar an bhfocal *genießen* atá *genossen* bunaithe, ba bheag an chabhair dó é mar nár thuig sé cén chaoi a bhféadfaí caoinfhulaingt 'a ithe'. [Tá cúpla brí leis an mbriathar *geniessen*: bia nó deoch a chaitheamh; taitneamh a bhaint as rud; ceart a theachtadh.]

Cuirtear aithne chomh sciobtha sin ar an Éireannach agus ba chúnamh anseo an buíochas, rud a d'fhág go raibh cara maith agus treoraí turasóra cineálta agus lán eolais agam don lá ar fad. Thug sé in airde trí ghairdínshráideanna fada

Dheilginse mé, thar na tithe atá ina sraitheanna ar a chéile ar an maolchnoc faoin ainm Sorrento, go dtí an láthair a raibh an mhuir amach ó Chill Iníon Léinín le feiceáil go tobann amach romham.

A leithéid de radharc! Cinnte, ceann de na radharcanna is deise agus is uaisle ar domhan.

Gearrann an fharraige isteach go maith sa talamh anseo, agus an talamh sin ag ardú go tobann, beagnach ingearach, ón domhain leis an gcuan i mbaclainn na gcnoc agus na sléibhte mar a bheadh aimfitéatar ann. Bhí an fharraige aislingeach spéirghorm ina clár agus chaith fánaí rite na gcnoc scáilí dorcha anuas uirthi, rud a d'fhág nach raibh aon tsamhail ach iad a bheith thíos ag snámh le pléisiúr inti. Ach is gile agus is gile a bhí na líocha ag fáil ó íochtar go huachtar. Bhí na cnoic bheaga tumtha i solas bog bándearg, a d'athraigh de réir a chéile go dath drithleach órbhuí, nó go raibh na beanna is airde ar na sléibhte maola ag lonrú sa solas gréine is gile agus is luisní. Bhí an méid sin i gcodarsnacht leis an dúghorm agus dubh atá ar shléibhte arda Chill Mhantáin ó dheas atá mar chúlra dáiríre acu. Sin iad na sléibhte cáiliúla, atá mar bhaile dúchais ag óglaigh chróga na hÉireann, baile na réabhlóide, tearmann na dtírghráthóirí. Ar chlé uainn, ar ardán thuaidh an aimfitéatair, ar ardán méith, tá an beagán tithe neamhfhorbartha leathshofaistiúla, iad go maorga os cionn fhairsinge an chuain agus mar a bheadh cailín óg ag breathnú ar a híomhá i loch beag.

Tugann siad Sorrento orthu féin, agus ní le héigeart é. Sorrento! a cheapfá a fhógraíonn siad le bród. Sorrento!

in ainneoin ár mbochtaineachta. Sorrento! in ainneoin ár n-easpa cáile. Sorrento! romhainn; Sorrento! inár ndiaidh. Murar leor duit, a thaistealaí, a idéalaí atá Cuan Chill Iníon Léinín, breathnaigh tharat ar a áille atá Cuan Bhaile Átha Cliath lena aillte agus carraigeacha, lena mhalaí réidhe agus le gairdíní Kingstown, lena longa agus a bháidíní, leis na díonta tí i mBaile Átha Cliath, le Binn Éadair chreagach, chlochach, leis an oileán duairc Ireland's Eye, atá ag breathnú amach go lionndubhach i bhfad uaidh agus go milleánach anonn ar chósta Shasana. Agus tá sé de cheart ag tithe neamhthoirtéiseacha Sorrento labhairt mar sin. Áit a bhfeicfidh tú ó do bhalcóin an áilleacht i ngach áit, áilleacht idéalach agus duairc.

Trasna uathu ó dheas tá loinnir na dteachíní bána i mBré atá le sonrú go húr, dána ar an talamh dorcha i sléibhte Chill Mhantáin, amhail agus go raibh sé ag iarraidh titim isteach san fharraige mhealltach ghorm, agus ar a chúla mar a bheadh dorn dúnta ann síneann maolchnoc Cheann Bhré go bagrach soir.

Taobh amuigh den dá chríochphointe sin atá i bhfad ó chéile, Sorrento agus Bré, is beag teach atá tógtha ar fud an Chuain. In íochtar tá roinnt teachíní iascairí, ar na malaí anseo agus ansiúd tá *villa* aonair a tógadh le cuannacht bhocht dhícheallach – ar bharr sléibhe maoil atá pirimid aonair. Tá íochtar na gcnoc in aice na farraige gan fásra, tá a mullaigh loiscthe, an lár lán de scoilteanna agus scailpeanna béaloscailte, atá clúdaithe ar éigean. Ina ainneoin sin uile tugtar íomhá den tsíocháin mhór agus de shonas a d'fhéadfadh a bheith ann.

Tá an cuan ar nós gach rud in Éirinn, ar nós éadan na ndaoine a bhféadfaí acmhainn chun sonais agus sásaimh a fheiceáil iontu, ar nós na ngarranta a bhféadfadh duine an torthúlacht nach bhfuil in úsáid a fheiceáil iontu.

D'fhéadfadh gach uile shórt anseo a bheith go deas, dá mba é sin ba mhian leis an 'gcomharsa dhílis'. I gcuan Chill Iníon Léinín is éasca *villas* le colúin a shamhlú, mar aon le fíonchaortha ar na malaí, go deimhin crainn ológ agus piorraí agus cnóphéine – mar tá acmhainn mhaireachtála na Meánmhara á hanálú ar an uile ní anseo – agus i lár an Pharthais tá daoine sona sásta, a bheadh ina n-ábhar do phictiúir áille, mar a thiocfadh ó lámh Leopold Robert agus a bheadh lán filíochta faoi mar a thiocfadh ó lámh Rudolf Lehmann.

Ionas go bhféadfainn taitneamh a bhaint as an radharc draíochtúil seo trí fhráma ealaíonta fuinneoige, thug mo threoraí oibleagáideach isteach mé i dteach tuaithe cara leis mé, teach a bhí cúpla céad troigh os cionn na farraige agus a raibh gairdín deas ag gabháil leis. Bhí geata an ghairdín agus doras an pharlúis fágtha ar oscailt, cé go raibh muintir an tí go léir imithe amach; na mná imithe chun guí i séipéal Dheilginse, na fir á bhfolcadh féin thíos san fharraige.

Bhí cuairteoir ina shuí cheana féin i gceann de na seomraí agus é ag fanacht le fear an tí, dlíodóir cáiliúil as Baile Átha Cliath, duine mór láidir a raibh cáil air i measc na nÉireannach mar gheall ar a bhua dosháraithe aithris a dhéanamh ar Ó Conaill, rud a dhéanadh sé go minic ag cruinnithe chun an fear sin a mheabhrú dá chomhshaoránaigh. Deir siad nach raibh aon chinneadh leis, chomh dílis a rinne sé aithris ar gheáitsí, tuin agus gluaiseacht an Ghríosóra Mhóir. Is minic leis gliondar a chur ar na hÉireannaigh ar an gcaoi sin agus deora a thabhairt lena súile.

Chuir mo threoraí in aithne mé mar chara le hÉirinn, agus cuireadh fáilte chroíúil láithreach romham, mar a rinne fear an tí a tháinig go luath ina dhiaidh sin agus an t-uisce ag sileadh fós óna ghruaig. B'éasca fós a bhí sé cairdeas a dhéanamh leis an bhfear seo, an tUasal Stevens[8], a bhí ina eagarthóir tráth ar phaimfléad Reipéil. Ansin nuair a chuir sé tuairisc cara leis liom, an tUasal Jacob Venedey, agus gur inis mise gur sheanchara leis an bhfear céanna mé (in ainneoin Erfurt, a deir mé liom féin), ghlac an triúr fear sin liom mar dhuine den mhórchlann Éireannach.

Ní raibh teorainn leis an moladh a thug fear an tí do Jacob Venedey, ar thug sé *noble, accomplished and clean gentleman* air. Ba mhinic a chonaic sé in éineacht le Ó Conaill é agus ag a chruinnithe siúd, agus ní fhéadfadh sé gan dóthain tábhachta a lua lena rannpháirtíocht, lena thuiscint ar chúrsaí na hÉireann agus faoi dheireadh a leabhar ar Éirinn.

Thar aon rud eile, thug mé faoi deara go raibh aithne mhaith ar Venedey in Éirinn; is beag nach bhféadfá fiú amháin a rá go raibh cáil air i measc an phobail. Chonaic mé aistriúchán Béarla dá leabhar i go leor leabharlann príobháideach, faoi mar a chonaic mé i ngach siopa leabhar agus ag go leor díoltóirí seanleabhar. Fiú amháin ar mo chéad shiúlóid amach i mBaile Átha Cliath chonaic mé ceithre chóip de

[8] D'fhéadfadh sé gurb é seo James Stephens (1825–1901).

le taobh a chéile ag an díoltóir seanleabhar sráide in Great Brunswick Street [Sráid an Phiarsaigh], iad go léir leis an leathanach teidil ar taispeáint agus os a gcionn nóta leathan leis an scríbhinn: *A celebrated German's opinions about Ireland.*

Ghlac mé leis gur dea-chomhartha a bhí ann, gur tháinig mé trasna sa chríoch choimhthíoch seo ón gcéad lá ar an ainm sin a sheas go dílis dom amanna roimhe sin nuair a tháinig crua orm ar an gcoigríoch.

Agus muid inár suí ansin agus ag comhrá linn ar ár gcompord, tháinig beocht níos mó agus níos mó sa chuan go domhain thíos fúinn. Sheol lucht fóillíochta aerach an Domhnaigh ina mbáidíní beaga anonn go Bré, chun bolgam de 'dhrúcht an tsléibhe' – a dtugtar fuisce go hiondúil air – a chaitheamh ag íochtar an chnoic, agus tráthnóna ansin ag filleadh abhaile faoi ghliondar na meisce mar a bheadh beacha ag filleadh ar ais ar an gcoirceog.

Leis an aer bog, in ainneoin theas loiscthe na gréine a bhí os cionn na dtonnta, bhí na rudaí ab fhaide uainn tugtha níos gaire agus na fuaimeanna is faide uainn le cloisteáil go hard soiléir inár gcluasa. Bhí sé mar a bheadh seolta bána na mbád a bhí ag imeacht le gaoth ag gabháil díreach thar an bhfuinneog againn agus go raibh siad i ngiorracht fad láimhe uainn. Tugadh an tsamhail seo go lánchríche le balla an ghairdín os comhair na fuinneoige a cheil mala iomlán an tsléibhe ionas nach raibh anois le feiceáil ach an bhóchna ghorm, agus leis na hamhráin a bhí le cloisteáil ag teacht go breá soiléir ón íochtar aníos. D'aithin mé go soiléir an port

Last Rose of Summer ag teacht as bád a bhí lán le mná agus cailíní agus as bád eile tháinig an curfá brónach *Robert A Roon.*

Cén tÉireannach nach gcuirfeadh an radharc seo ar Shléibhte Chill Mhantáin an laoch sin i gcuimhne dó, arb é a bhás atá á chaoineadh san amhrán. An eol duit é? Cloistear go minic i mBaile Átha Cliath é; an tuireamh aontonach ag teacht ina thuairt tríd an oíche, agus an port níos osnádúrtha agus níos brónaí don chluais ná na focail féin – gan bhail, éadóchasach, i ndeireadh dúile. Cloistear an curfá, toll agus briste, idir beagnach gach líne mar a bheadh macalla i measc fothrach, mar a bheadh an chré ag titim ar bharr cónra. Tugaim anseo mar aistriúchán garbh é. Cuirtear na focail i mbéal Sarah Curran, grá geal Robert Emmet, ach casann gach uile dhuine é agus níl sé ligthe i ndearmad acu in ainneoin go raibh sé toirmiscthe ar feadh i bhfad agus pionós trom ag bagairt ar lucht a chanta. Bhí an rud céanna i ndán don amhrán agus bhí an tionchar céanna aige ar mhuintir na tíre agus a bhí ag amhrán cáiliúil faoi na Móraigh in Granada: *Wehe mir! Alhama.* [Fóir orm! Alhama]

Tá sonas an tsaoil ina luí san uaigh,
  Roibeard a rún.
An uile is mór liom ’gus mo chloch bhua,
  Roibeard a rún,
A chuid mo chroí – tá anseo sa tuama,
An chríoch dheireanach, a tháinig chu’tsa,
Dóchas, saoirse, grá, atá imithe uaimse
  Roibeard a rún.

Ach caithfear deora a cheilt ar an saol mór,
  Roibeard a rún,
Féar glas níl ag fás as an scailp seo fós,
  Roibeard a rún,
D'ainm níl cead a bheith ar aon leac le feiceáil,
Do dhílseacht níl cead ó bhéal ar bith a chloisteáil,
Do cháil ní ceadmhach croí ar bith a spreagadh,
  Roibeard a rún.

Tost! do mholadh i bhfeartlaoi bhard na ngaiscíoch,
  Roibeard a rún,
Tost! chomh maith is mithid don chláirseach feasta,
  Roibeard a rún,
Aon mhór-osna amháin ní fhéadfaidh sí a chanadh,
Mar chaoineadh ar an ollásacht atá marbh,
Tá a cuid sreang caillte, fágtha balbh,
  Roibeard a rún.

Tá goimh 'gus fuacht san oíche leis an ngaoth ag séideadh,
  Roibeard a rún.
Is fuaire fós mo chroí i m'ucht ag béimneach,
  Roibeard a rún.
An ghrian ghlé go brách arís ní dom a scalfaidh,
Mo chroí ní bheidh sí arís in ann a ghoradh,
Ó tá sé fuar agus básaithe, mar an croí sin agatsa,
  Roibeard a rún.

Ón áit seo anois go brách níor mhaith liom scaradh,
  Roibeard a rún.
Ach cén áit eile a dtabharfainnse air baile?
  Roibeard a rún.
Ó dá n-iompróidís leo mé i do theannta,
Bheadh buíochas mór don bhás ar bharr mo theanga,
An cróchar ar mo phósadh agam mar leaba,
  Roibeard a rún.

Aon dóchas amháin a bhí riamh ag mo chroíse,
  Roibeard a rún.
Níor bhláthaíos ach amháin chun a chríonta,
  Roibeard a rún.
Go brách arís ní bheidh mo chroí faoi bhláth,
Tá caonach go híochtar péice ann ina phlá,
Agus sonas uile an tsaoil imithe leis an lá,
  Roibeard a rún. (D)[9]

Is bunaithe ar sheanamhrán Éireannach, *Eileen A Roon* [Eileanór a Rún], atá an port. Bhí cónaí ar an laoch san amhrán, duine de shinsir Lord Molesworth, i bPáirc Holby i gContae Chill Mhantáin. Dúirt Handel gurbh fhearr go mór leisean dá mba é féin a chum an port seo ná aon cheann de na píosaí ceoil nua-aimseartha. Dar le Hardiman, is éard a chiallaíonn an curfá 'A Roon': 'Stór rúnda mo chroí' – *My heart's secret treasure.*

[9] Féach véarsa Gearmáinise (D) ó bhuntéacs Mortiz Hartmann san aguisín.

Gheit mo chroí istigh leis an radharc álainn seo agus fuaim an amhráin a bhí ag teacht aníos chugam go ceolmhar; d'éirigh mé i mo shuí agus chuaigh mé amach sa ghairdín. Cén duine nach mbeadh an parlús róchúng dó ar an nádúr uileghnéitheach a fheiceáil dó? Cé nach mbeadh an dúil anaithnid sin ag tathant air dul amach faoin aer agus a bheith níos gaire don áilleacht sin, é féin a thumadh ann agus cead a thabhairt dó féin a bheith ar maos ann? Seasann tú ansin, 'Hans mór, ach é chomh beag'; seastar ar an láthair amháin agus tá gach uile shórt i do thimpeall chomh fada céanna i gcéin uait agus a bhí roimhe sin. Scaoil mé m'ucht anuas ar bhalla an ghairdín, d'fhéach amach ar an bhfarraige gan teorainn, bhog mo chroí istigh agus labhair; labhair sé ar ar mhothaigh sé:

> A Dhia na ngrást, beir leat mé, leáitear mé i mbraoinín drúchta
> Agus é ar sileadh leis an duille, ligtear don chian áibhéalta,
> Mé a thabhairt go brách chun bealaigh, ansiúd idir bláth agus réalta,
> Ligtear don aigéan teacht fúmsa – an té gan aithne – chun mé a phlúchadh
> Ligtear don sruth ón solas atá ag búiríl im' thimpeall mé a mhúchadh,
> Ionas nach n-aireoidh mé i m'aonar agus arís níos uaigní,
> Mar an leanbh gan mháthair agus é díbeartha ruaigthe (E)[10]

[10] Féach véarsa Gearmáinise (E) ó bhuntéacs Mortiz Hartmann san aguisín.

Tháinig na cairde amach i mo dhiaidh agus an t-achar a choinnigh an dá aoi comhluadar liom agus iadsan freisin ag breathnú amach ar an áilleacht gan teorann, chuaigh fear an tí thart sa gharraí ag piocadh na mbláthanna ba dheise. Cheangail sé ansin na bláthanna ina dtáth agus thug sé dom mar bhronntanas aíochta cairdiúil iad. Rinne a mhaicín beag an rud céanna. Sin é dáiríre bealach na nÉireannach, lán de shuáilcí an phobail, atá le feiceáil sna hamhráin mhéithe agus san iomad finscéalta.

Ógánach i mbaol a bháite

Faoi dheireadh d'fhág mé slán acu. Níor imigh mo threoraí cairdiúil uaim agus shiúil sé i mo theannta ar ais go Deilginis, áit a raibh na hógánaigh tagtha le chéile idir na haillte lena bhfolcadh san fharraige. Chaith muidne ár gcuid éadaigh freisin ar charraig agus léim muid isteach sa taoide a bhí ag búireach isteach orainn. B'álainn an feic é. Bhí scáil thiubh an tseantúir leathan ar chnoc an chósta á caitheamh anuas ar an ionad folctha. Bhuail na tonnta ceann níos fíochmhaire ná a chéile leo isteach agus chaith siad a gcuid diúracán bán anonn thar mhullach na n-aillte ab airde, a bhí anseo mar a bheadh túir bheaga ann a bhí ag gobadh amach i bhfad san fharraige.

Bhí macalla ghártha spraíúla na snámhaithe ba mhisniúla le clos ón gcéin agus dúshlán á thabhairt acu don taoide a bhí ina srutha isteach orthu nó bhí siad i ngreim go daingean sna báid a bhí ag seoladh thar bráid agus iad ag déanamh grinn leis na mná agus na cailíní a bhí ina suí istigh iontu. Ansin go tobann chuala mé glao an fhaitís agus na fóire taobh thiar díom. Bhreathnaigh mé tharam – bhí Éireannach óg, thart ar aon bhliain déag, ag streachailt leis an taoide a bhí gan staonadh ag cur maidhmeanna thar a chloigeann agus, faoi dheoidh, a chaith isteach ar an gcladach é.

Ar bheagán anró agus saor ó aon chontúirt, tháinig mé chomh fada leis agus ag siúl tríd an uisce dom d'iompair mé é go dtí an aill ba ghaire dúinn. Agus mé á leagan síos, bhain an taoide bhaolach buntáiste díom nuair a bhí mé cromtha amach, bhuail tonn le teann fórsa agus cuireadh ar an droim mé agus buaileadh in aghaidh na carraige mé. Goineadh mo chliabhrach agus bhí mé ag cur fola. Rinne an comhtharlú seo scéal mór de dhada agus as sin ba chairde liom an lucht folctha agus an lucht féachana ón gcladach.

Nuair a chonaic siad an fhuil ag sileadh le mo chliabhrach chruinnigh siad ar fad thart agus iad ag screadach go hard. Tháinig an maor sa snámh, léim an lucht féachana agus a gcuid éadaigh fós orthu isteach san uisce chun cabhrú liom. Ní raibh aon chall leis. Ach ní raibh an slua ar fad acu le mé a fhágáil, agus iadsan i mo theannta ar aghaidh liom go Deilginis.

Ar ais go Deilginis

Ós rud é go raibh mo threoraí ag iarraidh tuilleadh láithreacha deasa éagsúla a thaispeáint dom, dúirt formhór mo chuideachta go gcasfaidís liom i ngairdín tí ósta.

Thug mo threoraí leis mé trí bhealaí faoi thalamh chomh fada le fuarán, a bhí buailte ar an bhfarraige agus a scaird aníos an fíoruisce ab úire. Bhí oscailtí aonair sa díon os cionn na mbealaí faoi thalamh seo, a bhí ag casadh anseo agus ansiúd ar feadh cúpla céad troigh, rud a chruthaigh *clair-obscur* draíochtúil. Bhí cailíní agus crúscaí ar a gceann acu ag teacht agus ag imeacht. Anseo agus ansiúd bhí buíonta beaga daoine ina suí ar chlocha agus iad tagtha isteach anseo le héalú ó theas an lae. Bhí anseo freisin leannáin nó aislingigh aonaracha.

Tá trácht fileata ar an bhfuarán féin, a scairdeann aníos go humhal simplí as an gcarraig liath, san iliomad scéal agus in amhráin go leor. Nuair a thángamar amach faoi sholas an lae arís, bhíomar os comhair ghairdín Fhear Ionaid an Rí in Éirinn. Is réimse glas simplí é atá buailte ar bhruach na

Oileán Dheilginse.

mara. Tá carraigeacha ollmhóra clúdaithe le duileascar buí ag gobadh amach as an bhfaiche ghlas ar fud an bhaill. Anseo agus ansiúd amháin atá crann bocht le feiceáil. In dhá fhocal, fásach beag. Ar an gcéad amharc, tá iontas le déanamh den tsimplíocht seo – ach is mór an onóir an tsimplíocht chéanna do 'bhlas' an úinéara. Bheadh sé éasca na carraigeacha móra seo a phléascadh agus a ghlanadh amach as an áit; bheadh sé éasca fásra saorga de chrainn agus bláthanna urghránna a chur anseo; d'fhéadfadh duine dealbha foighneacha agus crannbhealaí maoithneacha a chur ceann de dhroim a chéile i ngach uile áit. Ach thuig an t-úinéir cad é an chodarsnacht harmónach a dhéanann an paiste fiáin talún seo le cuan álainn aoibhinn Bhaile Átha Cliath. Tá na carraigeacha ina luí ansin fuar, dochorraithe, ach bíonn an tuile agus an trá ag búireach agus ag cogarnach ina dtimpeall le beatha bhithbhuan. Níl aon bhláth ar an raithneach ná ar an duileascar, ach scallann an fharraige lonrach a loinnir ghléineach orthu agus in aimsir stoirme séideann sí a calóga bána cúir isteach. Ag teacht go cuí leis an iomlán tá *villa* simplí ag an mbealach isteach chuig an ngairdín a bhfuil a aghaidh amach os cionn an réimse mhaoil agus na clocha mar a bheadh súile glónracha ar na tonnta gorma agus ar na seolta bána.

Is amhlaidh atá gairdín na mban rialta in aice láimhe, nach bhfuil ach balla íseal ina thimpeall. Is fearr a fheileann an dearóile saol uaigneach na mban seo ná mar a dhéanfadh crannbhealaí dorcha, rúnda. Ba neamhshaolta a taibhsíodh domsa iad, nuair a chonaic mé iad lena lámha trasnaithe ar a chéile acu ina gclócaí dorcha agus iad ag siúl anonn is anall ar an talamh maol idir na carraigeacha mar a bheidís ag siúl idir uaigheanna, seal ag dul ó radharc, seal le feiceáil arís. Ach go músclaíonn an clochar, foirgneamh álainn nuathógtha le gach áille agus cuannacht, mothúchán nach bhfuil go deas, nuair a smaoinítear ar an gcruatan atá á fhulaingt ag nócha naoi faoin gcéad de thuataigh na hÉireann.

Is maith atá ar a gcumas siúd a bhfuil móid an bhochtanais glactha acu cur fúthu faoi chompord, in Éirinn chomh maith le gach uile áit eile.

Ar mo bhealach go dtí an teach ósta dom chonaic mé freisin teach tuaithe Uí Chonaill, a bhfuil mac a mhic ina chónaí anois ann. Is teach deas aonstóir é, gairdíní ina thimpeall agus dealbha á mhaisiú. Tá scríbhinn i gcló gaelach ar an ngeata.

Bhí an comhluadar uile ar imigh mé uathu leathuair an chloig roimhe sin cruinnithe i mbail a chéile romham i ngairdín an tí ósta. Cuireadh fáilte romham le glaonna arda don 'tarrthálaí'. Chuir sé sin beagán náire orm ar dtús, ach ba ghearr go raibh mé ar mo shuaimhneas agus ar mo chompord ina gcomhluadar. Bhí proinn bheag mheán an lae againn ag bord fada sa ghairdín ag fíor-imeall na mara, nach raibh ach balla íseal á deighilt uainn, agus mura mbeadh an balla sin bheadh an taoide faoinár gcosa. Is gearr a bhí an t-am á mheilt agus sinn ag déanamh aoibhnis den tráthnóna diamhair agus ag comhrá go croíúil.

Chaintigh dlíodóir, a bhí díreach tagtha ar ais ó na seisiúin chuarda faoin tuath, ar na cúiseanna ab iontaí agus is é a bhí sásta leis féin nár ciontaíodh oiread is gadaí ná robálaí amháin, go deimhin nár ciontaíodh oiread is dúnmharfóir féin. Roinn an comhluadar iomlán a shástacht leis. Don Éireannach, is ionann gach coir a dhéanann duine dá gcomhshaoránaigh agus cuid den chogadh mór atá a náisiún a fhearadh in aghaidh Shasana. Ar ndóigh, is é Sasana a leagann síos an dlí – cén chaoi a bhféadfadh sé go mbeadh urraim tuillte aige?

Chomh fada agus a bhaineann sé leosan, is ionann gach coirpeach a thugann an dlíodóir saor agus mac de chuid na hÉireann atá tugtha slán ó chrúba dhlí Shasana. B'fhéidir go bhfuil an ceart acu. D'fhéadfadh sé trína bhfuil curtha díobh acu go bhfuil siad tagtha ar an tuairim, mar a rinne ár bhfealsúnaithe céimiúla sinne trí thátail, nach bhfuil sa choirpeach ach duine míshona, mac an phobail a bhfuil faillí déanta ann, íospartach na dlíthíochta seanchaite.

Cén chaoi nach ngoidfeadh sé uaidhsean, ón té a ghoid an ceart stairiúil ar an arbhar aige, an t-arbhar a shaothródh sé le hallas a chnámh agus lenar mhian léis a bhean agus a chlann a chothú! Nach éasca a leanann an robáil an ghadaíocht agus a leanann an dúnmharú an robáil; nach éasca na céimeanna sin a ghlacadh, nuair atá an naíonán sa bhaile á thabhairt chun bealaigh ag an ngorta agus go n-éiríonn an bhean sa teach ina suí agus í ag fanacht ar an gcreach ghoidte atá ceaptha a gasúr a shábháil!

Filleadh ar Bhaile Átha Cliath

Bhí an ghrian íochtarach go maith sa spéir nuair a chuaigh mé ar ais ar an traein ó Kingstown go Baile Átha Cliath.

Bhí na longa fuascailte ag an tuile agus dhamhsaigh siad go sona ar na tonnta gluaisteacha, bhí gaoth an tráthnóna ag séideadh isteach sna seolta a raibh a gcúrsa curtha, agus amach ar an gcuan bhí na galltáin ag snámh amach ar an bhfarraige mhór, ar an gcósta clé bhí spaisteoirí meidhreacha i ngach áit agus iad ag canadh ar a mbealach ar ais go dtína dtithe. D'éirigh an ghealach faoi dheireadh, í lán soilseach. Bhí slua daoine meanmnacha ag plódú an stáisiúin, agus mar a dhearmadann na hÉireannaigh trioblóidí na seachtaine ar an Domhnach, is amhlaidh a dhearmad mise go raibh mé i bpríomhchathair na hainnise agus ar nós an dreama sin a bhí ar meisce ag 'drúcht an tsléibhe', streachail mise liom, ar meisce ag an áilleacht a chonaic mé, ar ais go dtí m'árasán féin le go gcuirfinn ceirteacha fuara ar mo chliabhrach gonta, rud a rinne mé arís inniu agus gur dá bhuíochas sin atá an litir fhada, fhada seo agat. Beatha agus sláinte.

An tÚdar á sheachaint ag Duine Uasal

[11] Ní thugann an tUasal B. – Sasanach agus duine de na feidhmeannaigh shinsearacha in Éirinn, ar thug scoláire mór agus cara leis as Londain scríbhinn mholta dom le tabhairt chuige – cuairt orm mar go bhfuil mé ag cur fúm in óstán calafoirt den dara haicme agus nach ndeachaigh mé isteach in árasán daor ar Fhaiche Stiabhna, mar a gheall mé dó a dhéanfainn. B'fhéidir freisin mar go bhfaca sé an moladh a thug mé do roinnt Éireannach Óg. Ní chuireann sé sin

[11] An ceathrú litir as seo síos.

isteach ná amach ormsa – murach sin bheadh an lá álainn sin arú inné caillte orm agus bheadh orm dul leis agus le comhluadar uaisle faoi chasóg eireabaill ar mhuin capall ar eachtra faoin tuath. B'fhéidir freisin go gcuirfeadh sé ar mo shúile dom an t-uafás agus an chontúirt a bhain leis an turas a chuir mé orm féin, mar a rinne mé arís aréir, agus nach mbacfainn leis beag ná mór.

Oíche faoin mBaile Mór

Is é an chaoi ar chaith mé beagnach an oíche ar fad sa cheantar dearóil ba scáfara. D'fhág mé an tÓstán i gCé Éidin thart ar a cúig a chlog agus shiúil mé liom i dtreo an Anna Liffey a roinneann Baile Átha Cliath ina dhá leath agus a bhfuil ocht gcinn de dhroichid dheasa phointeáilte ag síneadh go stuach thairsti laistigh den chathair. Is í an abhainn seo is mó a thugann do Bhaile Átha Cliath a bhfuil aici de phictiúrthacht. Tá céanna leathana áisiúla ar chlé agus ar dheis, a bhfuil balla íseal idir iad agus an abhainn agus ar an taobh eile tá sraitheanna tithe ag bordáil leo. Tá cosúlacht ag Baile Átha Cliath le Páras de bharr na gcéanna seo. Cé gur beag suntas iad formhór na bhfoirgneamh, fós féin cruthaíonn siad radharc álainn atá iata isteach go healaíonta ar an taobh thoir ag an gcalafort lena chrainn seoil agus ar an taobh thiar leis an bpáirc agus a maolchnoic chomh maith le pirimid ollmhór Wellington. Seasann foirgnimh ar leith amach de bharr chomh mór agus atá siad nó an stíl tógála atá acu agus deonaíonn siad an éagsúlacht is gá don tsúil i bpeirspictíocht dhomhain. Mar shampla an armlann mhór sa chalafort, Teach an Chustaim, agus níos faide uait foirgneamh sainiúil na Ceithre Chúirt. Bheadh an foirgneamh sin ina phálás paiteanta Iodálach murach é a bheith curtha ó dhealramh ar fad ag forthógáil i mbaróc leis an iliomad colún chomh maith le cruinne uafásach gránna miotail a ardaíonn amach as mar an dara teach, rud a fhágann go mbeifeá ag iarraidh a dhéanamh amach cá as ar tháinig sé ar chor ar bith – ó tá íomhá chomh neamhspleách iomlán sin ag an bhforthógáil inti féin.

Robert Emmet agus Dlíthe frith-Chaitliceacha

Ar dhul thar Ché Ellis dom, chas mé ar dheis síos an sráidín thart timpeall bheairic mhór an rí agus sheas mé ar an talamh

Na Ceithre Chúirt.

naofa. Ansin a bhí Cnoc an Arbhair, ionad an bhásaithe, inar cuireadh an chuid is mó de laochra an *United Irishmen Revolution* chun báis. Anois tá roinnt tithe aonair ann; ach san áit a raibh mise bhí sé tréigthe agus scáfar. Buailte ar an spota sin tá Ospidéal mór agus príosún. Deighleann an bheairic an ceantar seo ar fad ón gcathair. Rinne Robert Emmet, a bhfillim i gcónaí air mar an duine is ansa liom as measc réabhlóidithe na hÉireann agus mar dhuine de na réabhlóidithe is in-cheana a bhí riamh ann, trácht air seo in amhrán tamall gearr sular crochadh é. Seo chugat an dán thuasluaite *Arbour Hill*, arna aistriú go sciobtha ach go dílis:

Níl colúin bhreátha faoi réim anseo,
Mar a luíonn íospartaigh na cúise naofa,
Och! Tá an fhuil a sileadh anseo
Ag glaoch chun neimhe ag lorg díoltais.

Díoltas ar cheann an ghéarleanúnaí,
Ar aoibhinn leis anchaoi an duine,
A ólann na deora a chaointear le héigean,
A dhéanann gáire agus iad ag sileadh.

Díoltas ar an mbreitheamh crua,
A bhfuil a lámh báite san fhuil,
A fheistíonn an éagóir leis an gclaíomh
Agus nach mbaineann leas as meá an chirt.

Díoltas as an tír, go deimhin uaighe
A shleachta féin – atá á gcrá,
Mar a bhfuil an tsaoirse feoite le ceann faoi,
Agus mar a maireann na daoine ina sclábhaithe ann.

Ó a cheartais naofa, saor an tír
Ón tíoránacht, a chuireann sinn faoi chois,
Tóg do shuí, beir leat do mheá,
Ach ná bíodh arís do chlaíomh leis.

Ní díoltas fola atá á éileamh againn,
Rófhada a bhí ré an uafáis ann,
Go dtaga an tsaoirse le trócaire fras,
Agus ón gcruálacht, go mbí sí slán.

Ná bíodh luaithreach an té a bhí á gcur síos
Á meascadh le cré an fhulangaí –
Seo í an áit ar shil feara Fódhla
An fhuil d'fhonn Banba a bheith ar fónamh.

Iadsan ar fad atá sínte anseo,
Go naofar iad uile – cách,
Go mbeannaítear an chuimhne orthu
Go maire a gcáil agus a gclú go brách.

Níor coisriceadh os a gcionn an fód,
An sagart níor bheannaigh é óna lámh,
Ní chlingeann clog anseo don deabhóid,
Níl comhartha ann a dhéanfas trácht.

Ach is é croí an bhochtáin a bheannaigh an áit,
Chaoin anseo an tírghráthóir –
Sin a sheolann go neamh a gcáil,
Sin a bheannaíonn na dea-fhir atá faoin bhfód. (F)[11]

[11] Féach véarsa Gearmáinise (F) ó bhuntéacs Mortiz Hartmann san aguisín.

Nach síochánta agus nach fada ó gach smaoineamh díoltais a chan Robert Emmet ina óige choipthe, fear a cuireadh chun báis ar an gcroch san áit chéanna seo roinnt blianta ina dhiaidh sin agus é ina fhear meánaosta, mar dhuine de na réabhlóidithe ba chontúirtí amuigh. A liachtaí sin eile dár n-óglach daonnachtúil, atá ar thóir an athmhuintearais ar dócha an chinniúint chéanna a bheith leagtha amach dóibh! Ní *muidne* a dhéanann an Réabhlóid. In Éirinn is é an Seoirse 'deabhóideach' a rinne é, eisean nár cheadaigh a choinsias dó fuascailt a thabhairt do na hÉireannaigh, mar aon le Pitt 'mór' a thug suas a chúram oifige faoi dhó mar gheall ar an gceist ach a ghlac arís é den tríú huair agus leis an gcásmhaireacht íogair a bhí aige do choinsias íogair an rí, a lig an cheist i léig agus a thréig na milliúin Éireannach á bhfágáil i bhfaopach na fulaingthe.

Ar ndóigh, bhí dlí an díblithe ann, lena bhféadfadh duine a chara ar Caitliceach é a bhrath agus maoin a charad a fháil mar luach saothair; ar ndóigh, ritheadh dlí eile lenar baineadh an ceart den athair Caitliceach a bheith ina chaomhnóir ar a chlann agus iad a thógáil; agus bhí an tríú dlí ann a cheadaigh an capall a ghoid ón gCaitliceach ar an mbóthar mór má d'admhaigh sé a chreideamh arna fhiafraí sin dó; ar ndóigh, ritheadh dlí eile, an ceathrú dlí, a thug mar luach saothair don leanbh easurramach agus a d'athraigh a chreideamh maoin an tsaoil a bhí ag a athair caitliceach; agus an cúigiú dlí, a chuir toirmeasc ar an oiliúint chaitliceach agus a dhaor an múinteoir Caitliceach mar ainrianaí; agus bhí an séú dlí ann a dhíbir sagairt Chaitliceacha as an tír agus a bhagair a gcrochadh dá bhfillfidís; agus bhí an seachtú dlí fós ann, a chuir bac ar Chaitlicigh talamh a bheith ina seilbh acu, bíodh go raibh ceart acu air le hoidhreacht nó fiú dá bhféadfaidís é a cheannach.

Chomh maith leis sin ritheadh dlíthe eile a thoirmisc seilbh armán agus staidéar ar an dlí agus a choinnigh amach iad ó gach post oifigiúil íoctha nó onóra agus nár cheadaigh do Chaitlicigh vótáil in aon toghchán beo ná suíochán a ghlacadh sa Pharlaimint. Ach céard atá sa mhéid sin ar fad? Ní raibh Pitt mór ag iarraidh goilleadh ar choinsias bog an rí dheabhóidigh.

Is áit mhaith ar an domhan seo é Cnoc an Arbhair le machnamh a dhéanamh ar fhíorluachanna an aire mhóir agus an rí dheabhóidigh.

An bheirt ag Kings Bridge [Droichead Seán Heuston]

Ag machnamh ar an méid sin dom tháinig mé chomh fada le Kings Bridge; romham amach ansin bhí radharc álainn a chuir gach Aire agus Rí ar domhan amach as mo chloigeann. Ina luí amach ar ráillí an droichid bhí an bheirt leannán ab aoibhne – buachaill nár shine ná naoi mbliana déag agus cailín nach bhféadfadh a bheith níos sine ná sé bliana déag. Bhí siad i ngreim láimhe ina chéile agus iad ag breathnú síos uathu san abhainn. Bhí an buachaill ard tanaí, éadan mílítheach air, cuincín crom air, súile gorma ag soilsiú amach faoina bhaithis ard, gruaig thiubh dhubh air a bhí in aimhréidh anuas go guaillí.

Bhí a cholainn mhatánach le feiceáil tríd an bhfallaing línéadaigh an-simplí a bhí air, cé go raibh stróicí go leor ann, agus a bhí fáiscthe ar a choim thanaí le beilt leathan theann. Bhí an cóitín mar ba dhual di ar an gcailín agus an hata sin ba dhual freisin di. Bhí gach uile shórt a bhain léi stiallta stróicthe; an cóitín, leis an imeall íochtarach scothógach, clúdaithe le salachar; an hata lán le poill a raibh bláthanna agus duilleoga stuaite isteach iontu. Bhí an ghruaig fhionnbhán leathghliobach ar a baithis neamhnite. Ach tríd an salachar ar fad lonraigh an áilleacht mhaoithneach bhuan. Bhí an fhia-shúil bog séimh; bhí intleacht agus tuiscint le sonrú sa tsrón bheag ábhairín cam; sa bhéal cineál leathan le beola lána bhí drad fiacla péarla-bhána le feiceáil; agus bhí an smig agus na leicne, in ainneoin an ghátair agus na hainnise, fós bog cruinn. Is mór a chuireann an óige suas leis sula dtograíonn sí scaradh ó éadan álainn. Bhí cíoch bhog álainn le feiceáil tríd an gcóitín a bhí caite thar a gualainn aici le go luíodh sí isteach níos compordaí ar na ráillí, cíoch a bhí ag brú amach bán agus lonrach as cumhdach sceite an éadaigh dhuibh. B'aoibhinn breathnú ar a crobh, a bhí faoina smig aici, cé go raibh dath donn tagtha air agus is iomaí bantiarna Gearmánach a bheadh in éad leis an dtroigh chúng bheag a bhí sáite nocht i mbróga siúlchaite.

Faoi dheireadh chorraigh sí as an staid smaointeach ina raibh sí, bhain sí an caipín pointeáilte dearg den bhuachaill agus chuimil sí a ghruaig dhubh siar óna bhaithis lonrach. Chonaic mé *Amor* agus *Psyche* agus iad i mbréagriocht lucht déirce as Éirinn.

Ba ghearr gur thug siad mise faoi deara agus mé i mo sheasamh ansin ar an gcé ag breathnú orthu. Labhair siad cúpla focal nach raibh mé in ann a chloisteáil. Ansin d'fhág sí eisean agus leis an meangadh ba shéimhe tháinig sí faoi mo dhéin. Cheap mise go raibh sí ag teacht ag iarraidh déirce orm agus bhí mo lámh curtha i mo phóca cheana féin agam. Ach ní shin é a bhí uaithi! D'fhiafaigh sí díom – ní dhéanfaidh mé an cheist a athrá! Cibé arb é a deartháir nó a leannán é ar imigh sí uaidh leis an gceist sin a chur orm; cibé arb é a deartháir nó a leannán é a bhí go socair ag breathnú ina diaidh aniar agus go socair ag fanacht go bhfeicfeadh céard a tharlódh – is é an dá uafás chéanna é. Ghabh crith bhróin mé agus chroith mé mo chloigeann. Bhí uaithi imeacht arís. Ach choinnigh mé ansin í lena fhiafraí di cén gaol a bhí aici leis an mbuachaill óg. Ba é a leannán é!

D'fhiafraigh mé cén t-ainm a bhí uirthi. Judy a hainm. Thug mé scilling di, ach lig mé dó titim isteach ina lámh, mar ní leomhfainn teagmháil léi chomh clúdaithe sin le salachar a bhí an créatúr ó bhun go barr. Ghabh sí buíochas liom agus bhí sí ar tí imeacht arís, nuair a luigh sé liom gurb ise – Judy – an treoraí ab fhearr a d'fhéadfadh a bheith agam do mo thuras oíche, agus ar an gcúis sin d'iarr mé uirthi a bheith ag feitheamh orm i Sráid Thomáis ar a naoi a chlog. Gheall sí é sin agus dheifrigh ar ais go dtína leannán lena creach.

Cónaí na ndaoine i lár na cathrach

Shiúil mé thar an stáisiún traenach agus thar Shráid an Déin Swift go dtí an tOspidéal Ríoga áit a mbaineann saighdiúirí Shasana aois mhaith amach ar a gcompord i measc fhulaingt na nÉireannach. Is foirgneamh mór, fairsing a n-áras agus tá gairdín mór fairsing ann inar tugadh cead isteach dom. Ar an mbealach ar ais, i dtreo Little James' Street [Sráid Bheag Shéamais], tháinig mé ar cheantair a ndéarfadh fear nár cheart go mbeadh a leithéid le fáil in aice le baile mór. Is éard a bhí sna sráideanna go léir ná botháin le ceithre bhalla dóibe greamaithe ina chéile ar chaoi agus gur ar éigean Dé a bhí siad in ann an díon lofa a choinneáil suas. Is ar éigean atá fuinneog ar bith ann. Seomra amháin atá sa teach agus tá aghaidh dhoras an tseomra sin amach ar an tsráid. Tá na doirse oscailte i gcónaí chun solas agus aer a ligean isteach agus tá le feiceáil isteach an bochtanas iomlán, uafásach atá taobh istigh. Níl rian ar bith ar leapacha. Ar na ballaí anseo agus ansiúd tá clár feistithe mar bhinse, idir dhá phleainc in aice leis an tsíleáil tá beagán soithí, sa chúinne an taephota copair. Sin a bhfuil d'acraí tí sa teaghlach, a bhíonn mór go minic.

Is ar an tsráid is mó a mhaireann siad seo, mar gur ar éigean in ann corraí iad nuair a bhíonn siad bailithe le chéile sa seomra tosaigh. Bhí leanaí leathnochta, salacha ag spraoi taobh amuigh den doras, minic go leor a máthair leo agus a smig ina dhá lámh aici agus í ag breathnú amach uaithi go seabhraonach ar an saol mór. Seasann na scoraigh go díomhaoin ina luí isteach in aghaidh an bhotháin. Is annamh a d'iarr gasúr amháin nó eile déirce orm. Ar ndóigh, tá na sráideanna sa cheantar seo fágtha gan chothromú agus gan phábháil. Arda agus fánáin ann.

Díreach agus mé tar éis a rá liom féin ar dhea-chomhairle é siúlóid mheán oíche a dhéanamh anseo i gcóta maith, léigh mé an scríbhinn a bhí ar thaobh na láimhe deise ar choirnéal sráide an-chúng a bhí ag dul domhain le fána: Murderer-Street[12].

Chun tuiscint ar ailtireacht na coda seo den chathair a thabhairt, tabharfaidh mé tuairisc duit ar thart ar sé nó seacht de thithe nach raibh iontu ach brácaí. Bhí siad ar thaobh na láimhe deise díom, isteach ar chnocán beag a raibh gairdín ann. Bhí drochbhalla dóibe, ar airde fir ar éigean, déanta in íochtar an chnocáin ag úinéir an ghairdín. Ar an gcaoi sin bhí ísleán idir an balla agus an cnocán a bhí ag ardú de réir a chéile. Céard a rinne an dílseánach sárchliste, a bhí ag lorg an bhrabúis? Chuir sé cláir mar dhíon trasna ar an ísleán idir an cnocán agus an balla, bhris sé poll amach sa bhalla féin i sé nó seacht d'áiteanna, dheighil sé na sé nó seacht n-áit sin a raibh na doirse seo ag dul isteach chucu le ballaí dóibe agus ar an gcaoi sin d'éirigh leis an líon sin aonad cónaithe a bhaint amach, ar lig sé amach ar cíos le sé nó seacht de theaghlaigh iad. Ba é fána an chnocáin gan dada eile a bhí mar bhalla cúil. Ní chuirfeadh muidne ár gcuid beithíoch i gcró den sórt sin.

Bhí sé le haithint go héasca go raibh daoine ina gcónaí sna pluaiseanna seo, ach ní raibh na drochbhallaí in ann an bháisteach a choinneáil amach agus bhí siad imithe óna chéile mar dhóib bhogtha. D'fhág sin go raibh lucht cónaithe na huachaise gan dídean agus an t-úinéir ag fáil cíos bliana de chúpla punt. Níl aon amhras orm, áfach, nach ndeiseoidh

[12] D'fhéadfadh sé gurb é seo Murdering Lane, ar athraíodh an t-ainm go dtí Cromwell's Quarters nó Ceathrú Chromail.

an ceann fiontrach seo na hárasáin arís ach a dtiocfaidh blianta níos fearr. Bhí an bhliain seo ródhona do mhuintir na hÉireann, agus ní fhéadfadh na daoine a bhí i dtithe níos fearr ná iad a gcíos a íoc – cén fáth go gcuirfeadh seisean costas in aisce air féin. *Rule, Britannia!*

Oíche faoin mBaile Mór le Judy

Ar bhuille a naoi a chlog bhí mé i Sráid Thomáis. Bhí Judy ina suí ar chéimeanna taobh amuigh de theach, leanaí ina timpeall agus iad ag imirt gach uile chineál chleas uirthi. A luaithe a chonaic sí mise, tháinig sí chugam agus meangadh cairdiúil uirthi agus rinne sí an chúirtéis sin – mar a dhéantaí

Sráid Thomáis.

an céad seo caite ach atá as cleachtadh anois agus atá i léig ar fad ar an mór-roinn ach go ndéanann na mná cosmhuintire in Éirinn go minic fós é. Bhí sí ag iarraidh a lámh a chur go muiníneach i m'ascaill, ach mhínigh mise go giorraisc agus go soiléir di nach raibh mé ag iarraidh dada uirthi ach go mbeadh sí mar threoraí agam agus ina teannta siúd go bhféadfainn aithne a chur ar a cairde agus a muintir as measc na cosmhuintire. 'Is é ab fhearr liom', a deir mé léi, 'ná dul leatsa, *Miss* Judy, go teach tábhairne éigin le proinn na hoíche a chaitheamh, a leithéid d'áit a ngabhfá féin nuair a bheadh scilling le cois agat le béilí amuigh a bheith agat.'

Thuig Judy láithreach mé agus choinnigh sí an t-achar ómósach amach uaim. Tar éis breathnú fada, dúirt sí:

'Ara, *Sir*, tabharfaidh mé buille faoi thuairim. An bhfuil tú ag iarraidh pictiúir a dhathú de bhochtáin na hÉireann?'

'Céard a chuir é sin i do chloigeann, *Miss* Judy?'

'An fómhar seo caite', a d'fhreagair sí, 'bhí *Gintleman* as Londain anseo freisin a dhathaigh pictiúr de gach uile dhuine i dteach tábhairne, agus mé féin ina measc.'

Ansin a bhí a fhios agam cén fáth gur shíl mé gur aithin mé í as áit éigin. D'fhéach mé uirthi – ba léir gurbh í ba chuspa don *Irish Girl* a bhí i dtaispeántas ealaíne i Londain an tEarrach seo caite agus a raibh tarraingt mhór air. Ní fhéadfainn gan a rá léi an chaoi ar thaitin a pictiúr le daoine i Londain.

D'éist sí go cúramach liom agus ba léir go raibh sí sásta. Go deimhin, níor chosúil gur le móráil a bhí sí sásta; a mhalairt, ba chosúil go raibh smaointe dáiríre ag dul trína cloigeann. Thit a tost uirthi ar feadh cúpla nóiméad; tháinig roic ina baithis lena linn agus bhí a beola rósdearga ag cogarnach i bhfocail dhothuigthe. D'fhéach sí le labhairt roinnt uaireanta, ach gach uair stad sí arís.

Faoi dheireadh, stop sí den siúl, bhreathnaigh go soibealta isteach san aghaidh orm agus ba chosúil gur mhéadaigh sí cúpla orlach – ansin chrom sí na súile arís agus d'fhiafraigh sí díom i nglór aontonach: 'Céard a cheapfá, *Gintleman*, an dtaitneoinnse le *Gintlemen* Londan?'

Rinne mise staic agus ní ligfeadh mo choinsias dom a rá léi go raibh mé lánchinnte de.

Níor chuir mo thost isteach ar Judy, agus gan fanacht le mo fhreagra a fháil choinnigh sí uirthi: 'Ba chailín bocht mar mise a bhí in Peggy as Gaillimh, an áit arb as domsa freisin, agus ní raibh sí baol ar chomh hálainn liomsa – tá mé in ann é sin a rá leat, *dear Sir*, mar gurb é sin a mhaíonn gach uile dhuine. Chuaigh sí go Londain. Agus anois bíonn sí ag dul thart in Hyde Park i gcóiste deas dhá chapall agus searbhónta ina shuí ar a cúla, mar a dhéanann an bhean uasal atá ag Fear Ionaid an Rí in Éirinn. Ar a laghad, sin a deir Barry agus gach uile dhuine a thagann as Londain. Níl sé i bhfad ó shin ó thug prionsa as an India gúna lom lán de chlocha lómhara mar bhronntanas di, a deir siad. B'fhéidir go dtabharfaidh sé leis í go dtína thír féin agus go ndéanfaidh sé banphrionsa di.'

Cé go bhféadfainn an chuid is mó dá scéal a dheimhniú, d'fhan mé go ceannláidir i mo thost. Ba chosúil gur chuir an méid sin ceann faoi uirthi, agus labhair sí arís go beo:

'Cinnte, d'fhéadfainnse freisin dul go Learpholl nó go Glaschú agus dul ag obair i monarcha ansin ionas nach bhfaighinn bás den ocras. Ach cé atá in ann a rá nach bhfaighinn bás leis an ocras sula mbeadh obair faighte agam? Agus fiú amháin dá bhfaighinn obair – tá sé feicthe agam, san oiread sin cailíní a tháinig ar ais as Sasana, go ndéanann an obair fhada duine chomh tinn agus gránna sin i mbliain nó dhó. Tá mise in ann an áilleacht a choinneáil ar feadh dhá bhliain déag go cúig bliana déag eile ar a laghad, ach rud le hithe a bheith agam agus gan orm a bheith ag obair ar feadh ceithre huaire déag an chloig in aghaidh an lae. Céard a cheapfá?'

Ar mhaithe díreach le rud éigin a rá, d'fhiafraigh mé di:

'Agus dá ngabhfá go Londain, *Miss* Judy, céard a tharlódh do do leannán?'

'Cé dó? Bill?' Rinne sí gáire os ard. 'Tabharfaidh mé liom é agus beidh sé mar chóisteoir agam.'

Tháinig mo thost arís ormsa. I bhfianaise an ghorta a bhí ag bagairt uirthi, an gorta ar labhair sí chomh réidh sin air amhail agus gur cuid den chinniúint é, cén chaoi a bhféadfadh mise seanmóir na moráltachta a thabhairt?

Le comhráite dá leithéid rug an oíche orainn, agus thángamar go dtí ceantar gar do Lána an Óir i gcathair ghríobháin de shráideanna cúnga dorcha. Bhí mná agus cailíní in éadach stiallta ina suí os comhair na dtithe, agus bheannaigh siad do Judy – go cairdiúil agus le beagán sactha. Bhí leanaí ag spraoi nó ina gcodladh ar an tairseach. Ní raibh solas in oiread agus fuinneog amháin. I gcorráit bhí laindéar poiblí ar lasadh agus scal sé sin solas creathach ar na grúpaí pictiúrtha, ar beag fear a bhí ina measc ach go leor ban agus píopaí ina mbéal. Bhí roinnt baiclí, a bhí ina suí ar an tairseach thall, ag canadh amhrán brónach le guth dubhach nó bhí siad ag éisteacht le caint ó scéalaí. Is aoibhinn leis na hÉireannaigh finscéalta agus scéalta uafáis, fuilteacha.

In áit amháin a bhí cineál aerach agus a bhí soilsithe ag roinnt laindéar, bhí an slua i gciorcal mór agus iad ag breathnú ar dhamhsóir a bhí ag déanamh a chuid léimeanna le tionlacan liúnna agus amhránaíochta. Ba é Bill Judy a bhí ann, agus bhí seanfhear i gcóta lomrach glas ag coinneáil cheoil leis ar chlairnéid. Bhí an damhsóir agus an ceoltóir tagtha go dtí an áit beagán cuanna seo chun airgead a thuilleamh, ach i ndíograis a n-ealaíne lig siad an dán a bhí i gcomhar lena chéile acu i ndearmad, agus ba í an ealaín a bhí mar chríoch ann féin acu. Bhí siad ag damhsa agus ag seinm don phobal, agus bhí an pobal sin go haireach buíoch ag breathnú agus ag éisteacht leis an bhféile. Ní Éireannach go dtí é.

Is cineál damhsa Spáinneach a bhí ar siúl ag Bill agus bhí ceithre phíosa stáin ina lámha aige in áit na gcastainéad. Luasc sé agus bhog sé é féin go fíorghrástúil óna bhásta cúng, agus an t-achar a léim sé thart i gciorcal bhí focal deas le rá aige le gach cailín a bhí ina seasamh timpeall air agus a thug ugach dó lena *'very well'*, gan eisean a anáil a chailleadh oiread is meandar.

Nuair a chonaic sé Judy chaith sé póg chuici, bheannaigh sé dom féin go han-mhúinte agus choinnigh air ag damhsa. Chomh ciúin réidh céanna choinnigh Judy uirthi in éineacht liomsa nó go rabhamar inár seasamh os comhair seanteach in aice le Coombe Poddle[13]. Rug Judy greim láimhe orm, agus tar éis di a iarraidh orm siúl ar bharraicíní mar gheall ar an bpuiteach, thug sí isteach i mbealach fíorfhada, ard agus dorcha i gclós mé, a raibh solas lag ag scaladh isteach air as fuinneog a raibh páipéar greamaithe ar a leath.

Bhí Éireannach caochta ina luí sa doras ar an taobh eile den chlós ar a raibh ár dtriall agus thug sé '*bloddy ruffian*' ormsa nuair a shiúil mé thairis agus i gcaint choganta thriail sé an madra a bhí ina luí in aice leis a shaighdeadh ionainn. D'fhéadfadh sé nár thuig a gharda é nó b'fhéidir go raibh sé ina chleachtadh a mháistir a fheiceáil ina luí mar a bheadh tairseach os comhair tithe tábhairne ann, agus níor bhac sé ar chor ar bith linn agus muid ag dul thairis.

An teach tábhairne

Isteach linn i seomra a raibh an solas chomh dona sin ann nach raibh mé in ann duine ná rud a aithint thar a chéile. Ba é an gleo ard a tháinig as cúinne amháin agus an srannadh toll a tháinig ina osnaí as cúinne eile a thug le fios dom go raibh comhluadar ann.

[13] 'Combe Puddle' a bhí sa bhuntéacs. Dealraíonn sé go bhfuil dhá ghné sa logainm seo, An Com (sráid) agus An Poitéal (abhainn).

Gan aird ar bith a thabhairt orthu sin, thóg Judy an lampa geire den teallach, an t-aon solas a bhí sa seomra, agus shoilsigh sí líníocht dom a bhí crochta ar an mballa, líníocht a bhí loite go mór agus smálta cheana féin ag taise an tseomra. Ba léir gur saothar ealaíontóra oilte a bhí ann. Ba é an t-ealaíontóir ar labhair Judy liom faoi a rinne é, an té a thug sí go dtí an teach tábhairne seo freisin le go bhfeicfeadh sé na daoine bochta agus a d'fhág an líníocht seo anseo mar chuimhneachán acu.

Is éard a thug Judy ar an líníocht ná 'Teaghlach naofa ar a dteitheadh chun na hÉigipte', ach ní raibh dada eile ann ach Éireannach bocht, in éineacht lena bhean agus a dtachrán, á dhíbirt chun na hainnise as a bhothán ag tiarna talún gan trócaire. Nach é lom lán na fírinne é go gcruthaíonn an duine a chuid déithe ina dheilbh féin.

Tar éis breathnú ar an líníocht, chuir Judy an comhluadar in aithne dom – a raibh mé anois in ann iad a dhéanamh amach i gceart ó bhí an lampa leagtha ar an mbord. Cúigear nó seisear fear a bhí ann, iad ina suí timpeall ar bhord sa chúinne, sin mura ndéanfaimid an t-ochtar nó deichniúr, idir fhir agus mhná, a bhí ina gcodladh ina n-aonar nó ina mbeirteanna ar an talamh timpeall orainn a áireamh sa chomhluadar. Bhí seanbhean ar a glúine ar an teallach, tornapa scafa á róstadh aici ar an mbeagán guail a bhí ar an tine agus a thúisce a bhí cuid den tornapa bogtha chnaígh sí lena béal mantach é.

Chuir na fir ag an mbord fáilte chroíúil romham agus nuair a bhí mé ag déanamh orthu, dúirt siad: 'Déantar áit don *Gintleman* agus a *Lady*,' agus dhruid siad isteach lena chéile chun na háiteanna is fearr ar na cathaoireacha a thabhairt dúinn. Is éard a bhí i dtroscán uile an tseomra mhóir leathan ardchruinneánaigh – ar léir air saol níos fearr a bheith feicthe aige – ná an bord a rabhamar inár suí aige, ceann eile a bhí sa chúinne thall, scáthán dallach os cionn an teallaigh a raibh fráma sclártha óir air agus cúpla clár a bhí feistithe den bhalla agus iad ina luí anuas ar stumpaí crainn nó clocha agus a d'fhóin mar bhinsí sa seomra. Ar aghaidh cheann de na ballaí bhí a raibh fágtha de sheandrisiúr darach a raibh snoíodóireacht bhreá fós le haithint air. Istigh ann, bhí roinnt cupán tae, crúiscín agus cúig nó sé de ghloiní a raibh a bheag nó a mhór de dhamáiste déanta dóibh.

Gioblach agus in éadach stiallta a bhí na fir a bhí ag bord seo againne; iad ina suí ansin go díomhaoin – seachas duine amháin a raibh cupán tae leagtha amach os a chomhair agus a bhain slog as gach re seal le gal óna phíopa. Bhí bealach dúnárasach leisean, bealach mínádúrtha aisteach don Éireannach. Bhí sé doicheallach agus shílfeá an chaoi a raibh sé ag breathnú orm gurb amhlaidh a bhí sé ag iarraidh a dhéanamh amach cén sórt duine mé, óir nár dhearc sé go díreach ar chor ar bith orm taobh amuigh de bheith ag gliúcaíocht i leataobh i mo threo.

D'fhiafraigh mé an bhféadfainn féin agus mo Lady béile na hoíche a fháil.

Chroch fear an tí, duine de na fir a bhí ina suí ag bord, na malaí agus ní dhearna sé ach cupán tae a thairiscint dom. Ba mhór mo mheas ar neamhleithleas Judy, ar thug mé cuireadh chun béile di agus ina dhiaidh sin is uile gur thug sí go dtí an teach tábhairne seo mé agus fios maith aici nach raibh siad in ann béile breá sómasach a thairiscint. Ach bhí Judy do mo chursa roimpi féin, ós rud é go raibh mé ag iarraidh na daoine bochta a fheiceáil agus rinne sí neamhaird dá mianta féin, agus gan ite an lá sin aici ach tornapa.

Rinne mé mo chomhairle féin agus d'fhiafraigh mé d'fhear an tí an dtógfadh sé mar mhasla é dá n-ordóinn go dtabharfaí an oiread *Beefsteaks* agus a bhfuil de dhaoine ag an mbord ón mbia-theach ar Corn Market agus crúsca pórtair dá réir. Thug an moladh a rinne mé dhá chroí d'fhear an tí agus ghlac na fir buíochas go han-mhúinte, agus ní go heascairdiúil, liom as mo chuireadh. Dúisíodh cailín a bhí ina luí ar an urlár, thug mé airgead di agus rith sí amach chun an t-ordú a fháil. Chuir mo chuid aíonna níos mó muiníne ionam, fiú amháin Barry, arb é sin an t-ainm a bhí ar an duine dúnárasach, an fear iniúchta sin a bhí in ann daoine a dhéanamh amach, chaith sé in aer an t-aireachas. Theann sé isteach níos gaire dom agus d'fhiafraigh sé díom cén tír as ar tháinig mé.

Barry

'A, an Ghearmáin!' a deir sé. 'Is maith atá a fhios agam é, tá sé díreach ar an taobh eile den Ollainn!'

'An ceart agat! An raibh tú riamh ann, *Mr.* Barry?'

'Ní raibh muise, ach bhí mé in Amstardam nuair a bhí mé

fós i mo stócálaí ar an ngalltán.'

'An raibh tú i do stócálaí ar ghalltán?'

Rinne an comhluadar ar fad gáire ar an gceist sin uaimse a chloisteáil. 'Céard é nach ndearna Barry!' a deir duine acu. Bhriog sé sin m'fhiosracht, agus d'fhéach mé go ceisteach ar Barry. Ní raibh seisean ag iarraidh tuilleadh a rá, bhog sé anonn agus anall, chuir sé tobac ina phíopa agus chuir gotha an aireachais arís air féin. Ach cén tÉireannach nach ngéillfidh don chathú freagra a thabhairt ar cheist a cuireadh an dara huair le teann spéise?

Go tobann, thosaigh Barry ag caint go suáilceach: 'Tá an ceart ag Thaddy. Cén rud nach ndearna mé! Is mór an t-ionadh nach raibh mé ar chathaoir ríoga na hÉireann tráth. Bhí mé, mar a dúirt mé leat, i mo stócálaí ar ghalltán. Chuaigh an long agus a raibh ar bord go tóin poill, agus is mise amháin a tháinig slán. Ansin bhí mé ag obair i mianach sa Bhreatain Bheag le diamaint dhubha a thabhairt go barr talún do na Sasanaigh. Chuaigh an mianach guail ar fad trí thine. Ina dhiaidh sin shiúil mé go Manchain, áit ar oibrigh mé ceithre seachtaine i monarcha; chuaigh an t-úinéir i bhféimheacht; bhíomar go léir gan arán, ceithre chéad duine ar de bhunadh na hÉireann a bhformhór. Ansin chuaigh mé go Learpholl agus bhí mé arís i mo stócálaí meaisín i monarcha mhór. Phléasc an coire, maraíodh ceathrar agus stróiceadh dhá mhéar díom. An bhfeiceann tú anseo?' Leis sin shín Barry a lámh amach chugam, agus go deimhin bhí dhá mhéar imithe. Bhí anseo agam *Irish bull* ceart.

Choinnigh Barry air: 'Nuair a tharla sé seo chuaigh mé ag troid leis an saoiste agus thug seisean bóthar dom, mé féin agus mo dhá mhéar caillte agam. Cá bhfaighinn obair feasta agus dhá mhéar caillte agam? Caith mé seachtainí ag imeacht romham in Lancastershire agus sa Bhreatain Bheag mar a raibh mé ag lorg déirce agus mé stiúgtha. Bhí mé lagtha uile leis an ocras nuair a tháinig mé tráthnóna amháin go Holyhead. Sheas mé ansin agus bhreathnaigh mé go hocrach siar thar muir i dtreo na hÉireann, ionsar an oileán álainn glas.

' "Má bhí mé le bás a fháil den ocras," a deir mé liom féin, "nárbh fhearr go mór fada dá mba in Éirinn é?" Is cuí agus is nádúrtha i bhfad é sin don Éireannach. Bhuail cumha millteanach i ndiaidh an bhaile mé, agus nuair a tháinig sé ina oíche scaoil mé an ceangal ar bhád – báidín deas seoil a bhí péinteáilte i ndath glas agus dearg – agus stiúir amach sa Mhuir Mheann í. Bhí seoladh maith agam agus an ghaoth in araíocht. Tar éis dhá lá ar éigean bhí snámh isteach agam i gcalafort Bhaile Átha Cliath – mé sona sásta ach thar a bheith ocrach.

'Ar ndóigh, ní raibh an phlaic féin le hithe agam i rith an aistir ar fad anall, ní raibh lón aistir sa bhád agus ní raibh aon airgead agam féin lena cheannach. Mar sin a bhí mé ag teacht isteach go Baile Átha Cliath dom agus gan ionam ach na cnámha. Lagann aer na farraige duine an méid sin. Ba é an chéad ghnó a rinne mé i mBaile Átha Cliath ná dul ag lorg déirce. Ach, *Sir*, bhí mé ag déircínteacht ar mo mhíle dícheall an lá ar fad, ach an phingin féin ní bhfuair mé.

'Ansin thogair mé a raibh agam de mhaoin an tsaoil, an bád, a dhíol agus í a dhíol go han-saor. A Thiarna, thabharfainn uaim ar réal í agus b'fhiú sé phunt i measc cairde í. Cuireadh faoi ghlas an uair sin mé, mar go rabhthas in amhras gur ghoid mé an bád. Níor fhéach mé lena shéanadh mar go raibh greim mo bhéil le fáil sa phríosún agam. Bhí mé trí bliana istigh. Ligeadh amach mé sé seachtaine ó shin agus ocras arís orm nó gur sheol Dia *Gentleman* as an bhFrainc i mo bhealach a thug leis go Cill Mhantáin mé mar go bhfuil mé in ann scéalta breátha faoin gContae is deise ar domhan a insint go slachtmhar. Fuair mé an oiread sin airgid uaidh go bhfuil sé ar m'acmhainn fós inniu, ocht lá tar éis don *Gentleman* Francach mé a fhágáil, íoc as cupán eile tae.'

Bhí an bia a ordaíodh tagtha idir an dá linn, agus tháinig ciúnas sollúnta ar an gcomhluadar ar fad, fiú amháin agus iad gnóthach ag ithe. Ba ghearr go raibh na *Beefsteaks* ar fad imithe, ba é an crúsca pórtair amháin a bhí leathlán fós. Ghlan Barry a bhéal agus shín a lámh trasna an bhoird chugamsa. '*Sir*,' a deir sé, 'tá tú tar éis gar ceart a dhéanamh dom leis an *Beefsteak* seo. Ba bhreá liom ó chroí dá bhféadfainnse gar éigin ar a shon a dhéanamh duitse.'

'Ní bheidh sé sin chomh deacair sin,' a d'fhreagair mise. 'Dúirt tú anois beag, go raibh tú in ann scéalta breátha faoin gContae is deise ar domhan a insint go slachtmhar – bhuel anois, is aoibhinn liomsa scéalta na hÉireann. Inis ceann dom.'

Rinne Barry meangadh, ghlan sé a scornach, chaith siar bolgam eile, shín siar ar an gcathaoir, chuimil na lámha agus dúirt: 'Táim ullamh! *Sir*, déarfaidh tú nuair a bheas an scéal seo críochnaithe agam: Chuaigh mé i muinín an duine ceart.

Déarfaidh tú: Is in Éirinn atá na scéalta is deise ar domhan. Beidh ort a admháil ansin: Tá an scéal is deise de scéalta breátha an domhain cloiste agam, agus is é sin an scéal faoi Rí Labhra.

Rí Labhra

'Fadó, fadó sular sheol an Tiarna a aspal go hÉirinn i gcéin le teachtaireacht an tslánaithe agus sular dhíbir Naomh Pádraig na dragain agus na nathracha nimhe amach san fharraige, bhí Rí Labhra ina chónaí ar an oileán seo agus is é a bhí i gceannas air. Éireannach a bhí i rí Labhra agus bhí croí maith aige. Ach bhí máchail choirp ina smál air, rud a d'fhág cruálach amanna é, agus is éard a bhí sa mháchail choirp sin ná cluasa asail a bhí ag fás ina n-orlaí in airde ar a chloigeann. Le go gcoinneodh sé i bhfolach iad, bhí cead fáis tugtha dá ghruaig ag rí Labhra amhail agus gur thaitin an maisiú sin go mór leis. Go deimhin, chuaigh sé chomh fada agus gur ordaigh sé dá ghéillsinnigh go léir iad féin an ghruaig a ligean ag fás, agus mura ndéanfadh go gcuirfí chun báis iad.

'Níorbh fhada ansin, an tráth úd, go raibh cloigeann, scornach, muineál agus droim gach Éireannach fir clúdaithe le foltach fionnaidh agus chuaigh daoine chomh mór sin i gcleachtadh ar an ngléasadh sin agus, le gean ar an rí, nár cheap siad aisteachas ar bith beo a bheith ag baint leis an nós sin.

'Anois, uair amháin in aghaidh na bliana d'fhaigheadh an rí bearradh féasóige, mar nach bhféadfaidh duine an fás céanna a ligean leis an bhféasóg agus a dhéantar leis an ngruaig. Ach ní luaithe an fhéasóg bearrtha ná go n-ordódh an rí i gcónaí an bearbóir a dhícheannadh. Ní rabhthas in ann bun ná barr a bhaint den scéal sin; cén chúis a bhí ag an rí, a bhí ina rí maith murach sin, a bheith chomh cruálach sin in aghaidh na mbearbóirí neamhurchóideacha?

'Faoi dheireadh, bhí gach uile dhuine ag glacadh leis gurb é an chaoi go raibh cineál aisteach guairí i bhféasóg an rí a d'fhág go mbíodh pian mhór i gcónaí air le linn an bhearrtha, ach gur cheap seisean gurb é místuaim an bhearbóra a bhí á ghortú agus ansin le teann cantail – ar dócha gurb iad na guairí aisteacha sin a tharraing air é – d'ordaíodh sé an cloigeann a bhaint den bhearbóir bocht. Is ar an gcaoi sin a bhí na daoine in ann géilleadh faoi dheireadh don chruálacht seo.

'Ní raibh sé chomh héasca céanna suaimhneas a chur i lucht cheird uasal na bearbóireachta, nach raibh ní ba mhó a chuir faitíos orthu ná é a bheith d'onóir acu an fhéasóg a bhearradh don rí. In imeacht aimsire, agus lá bearrtha cinniúnach an rí ar na bacáin, tháinig an nós chun cinn go dtagadh bearbóirí na ríochta ar fad le chéile agus go gcuiridís a n-ainm i hata. Ba é an té a dtarraingítí a ainm amach an té a théadh chun faoistine, a dhéanadh an bearradh agus a chuirtí chun báis.

'Uair amháin, thit an crann ar an aonmhac óg a bhí ag baintreach, a raibh sé d'ádh ar a athair tráth saol an rí a tharrtháil i gcath. Rinne an bearbór a dhualgas agus daoradh chun báis é. Ach ansin bhrúigh an mháthair dhólásach a bealach isteach trí ghardaí uile an pháláis go dtí cathaoir an rí, áit a raibh fionnadh na féasóige fós ar an talamh ina thimpeall. Chaith sí í féin ar an talamh ag cosa an rí; mheabhraigh sí dó an tseirbhís a rinne a fear éagtha dósan; chaintigh sí ar chruachás na mbaintreach; chaoin sí agus d'achainigh sí; agus chuaigh a cuid cainte i gcion chomh mór ar an rí go mba náire leisean chomh neamhbhuíoch a bhí sé i leith athair a íospartaigh agus chuaigh míshonas na baintrí i gcion chomh mór sin air gur lig sé a bheo leis an mbearbóir.

'Ach sular lig sé saor é, thug sé i leataobh é agus bhain sé mionn as ar a fhocal nach n-inseodh sé go brách na beatha d'aon duine beo oiread is siolla amháin faoina raibh feicthe aige, agus rinne sé ansin a bhuanbhearbóir pearsanta lena bheo de. Gheall mac na baintrí gach ar éiligh an rí air.

'Bhí an tír ar fad ríméadach leis sin; go raibh an rí ag tabhairt cúl don aon chruálacht amháin seo a bhí mar locht air, agus bhí siad lán liúnna agus mhol siad móraigeantacht agus uaisleacht Labhra. Ba mhó, ar ndóigh, ná an tír ar fad trí chéile an ríméad a bhí ar an mbearbóir óg gur tugadh slán ón mbás dosheachanta é.

'B'fhada áthasach é – ach de réir a chéile thosaigh an rún ag luí go trom air. Bhí sé mar a bheadh drochsprid ina ualach ar a chliabhrach; bhí sé ag fáisceadh a scornaí; bhí sé ag gabháil lena anáil; go deimhin bhí sé á phlúchadh. D'éirigh sé gruama, lionndubhach, tostach agus fíorbhrónach.

'Bhí a mháthair mhaith i bhfad á thabhairt seo faoi deara. Ní raibh sí in ann bun ná barr a bhaint de riocht a mic agus bheartaigh sí comhairle a ghlacadh ó fhear feasa. Dúirt an fear feasa léi: "Tá rún ag luí go trom ar do mhac agus é á thachtadh. Beidh sé ag dul in ainseal air go dtí go scaoilfidh sé a rún le duine éigin. Mar sin seo é mo chomhairle dó: Tá crosbhealach i gContae Chill Mhantáin agus tá crann sailí aonair ag an gcrosbhealach sin a bhfuil a ghéaga ag teacht anuas go talamh ar gach aon taobh de mar gheall ar mheáchan na nduilliúr. Tá lucharachán ina chónaí istigh sa chrann sailí sin. Téadh do mhac ansin anocht agus díreach nuair a bheas solas na lánghealaí ag scalladh ar an gcrann sailí, téadh sé ar a chromada isteach faoin duilliúr agus scaoileadh sé a rún leis an taibhse a bhfuil cónaí air sa chrann."

'Thug an bhaintreach comhairle an fhir feasa ar ais chuig a mac, agus rinne seisean gach a ndúirt a mháthair leis.

'An oíche chéanna sin chuaigh sé ar thóir na sailí ag an gcrosbhealach i gContae Chill Mhantáin agus d'fhan sé nó gur éirigh an ghealach agus go raibh a solas ag lonrú go hiomlán soilseach ar an duilliúr. Ansin chuaigh sé ar a chromada isteach faoi na géaga agus dúirt sé i gcogar ciúin íseal le stoc an chrainn: "Tá cluasa asail ar rí Labhra."

'Níor thúisce an chaint sin déanta aige ná gur imigh an t-ualach óna chroí. Bhí sé sona sásta arís faoi mar a bhíodh tráth agus bhí an bhaintreach buíoch den fhear feasa.

'Tamall gearr ina dhiaidh sin tharla sé go raibh oirfideach an rí ag dul thar bráid ag an gcrosbhealach sin i gContae Chill Mhantáin. Agus é ag imeacht roimhe, i ndianmhachnamh dó, thit an chláirseach uaidh agus briseadh í. Bhreathnaigh sé thart go bhfeiceadh sé cén chaoi a ndeiseodh sé an damáiste a bhí déanta agus chonaic sé an crann sailí agus b'fhacthas dó go raibh adhmad maith inti. Tharraing sé a scian óir amach as a phóca, ghearr sé géagán den chrann agus dheisigh sé amach a chláirseach arís.

'Bhí féasta mór tráthnóna an lae chéanna ag rí Labhra ina phálás agus bhí caoga míle aoi bailithe le chéile ann. Tar éis do gach duine a bheith sách dá raibh ullmhaithe go flúirseach ar a mbord, bhí amhráin le canadh. Thug an rí an comhartha don oirfideach a bhí ina shuí ag cos na ríchathaoireach, agus spreag seisean na téada.

'Níor thúisce téada na cláirsí spreagtha aige ná go raibh scread osnádúrtha le cloisteáil ón gcláirseach in ionad an cheoil bhinn ab iondúla uaithi, agus is éard a dúirt an scread go han-soiléir: "Tá cluasa asail ar rí Labhra."

'A leithéid d'iontas agus d'uamhan a bhí ar an gcaoga míle aoi! Chuaigh rí Labhra é féin le báiní agus bhí sé ag iarraidh an caoga míle aoi a chur chun báis. "Arís ar ais," a cheap sé, "an rud atá a fhios ag caoga míle aoi, beidh a fhios ag cúig oiread céad míle é in uair an chloig; agus an rud a bheidh a fhios ag cúig oiread céad míle in uair an chloig, beidh a fhios ag an tír ar fad amárach é."

'Ach ní raibh sé in ann ina chroí istigh, an dea-rí Éireannach, caoga míle duine neamhurchóideach a chur chun báis agus ó bhí an rún scaoilte ghéill sé don chás. Fuair sé bearradh giortach gruaige agus as sin amach bhí a chluasa asail le feiceáil ag an saol mór. Níor chuir sé sin isteach ar aon duine, mar, fiú amháin le cluasa asail, tá fiúntas áirithe i gcroí maith Éireannach. Ón tráthnóna sin ar aghaidh bhí cead ag gach uile dhuine a chuid gruaige a chóiriú mar a thogair sé féin é.

'Tá crann sailí sin an iontais, a sceith rún rí Labhra, fós ann inniu. Tá fánaí ar bith a imíonn roimhe trí Chontae álainn Chill Mhantáin, an "Contae is deise ar domhan", in ann é a fheiceáil. Tá sé ansin agus balla simplí de chlocha tógtha os cionn a chéile ina thimpeall ionas nach ndéanfaidh an lucht buachailleachta dochar dó agus go mairfidh sé i bhfad mar chuimhneachán ar an sean-am, ar an dea-rí Labhra agus ar an scéal breá seo.'

Bhí mé iontach sásta leis an scéal álainn Míodásach seo agus ghabh mé buíochas ó chroí le Barry sa mhéid is gur dheimhnigh mé dó gur mise anois a d'airigh faoi chomaoin aigesean mar gurbh fhiú i bhfad níos mó ná a raibh de *Beefsteaks* sa Ríocht Aontaithe scéal amháin den sórt sin a chloisteáil á insint mar a rinne seisean. Chuimil Barry a lámha ina chéile le teann aoibhnis.

Ach chuir an 'Hm, hm' síoraí óna chomharsa Thaddy isteach air. 'Céard atá in aghaidh an scéil sin agatsa?' a d'fhiafraigh sé de go buartha.

Dúirt Thaddy: 'Is minic an scéal sin cloiste agam, ach á mhinice cloiste agam é, chaithinn a fhiafraí díom féin i gcónaí cén fáth nár ghearr an chéad bhearbóir ab fhearr an scornach ar rí Labhra a thúisce a bhí a chloigeann siúd ina lámha aige?'

'Tá tusa ag caint,' a deir Barry, 'amhail agus nár baisteadh riamh i gCríost thú. Chuaigh gach aon bhearbóir a bhí ag an rí chuig faoistin agus comaoineach ar dtús sula ndearna sé a ghnó cinniúnach – bhí sé in ann ansin le lán suaimhnis teacht os comhair ár dTiarna an Slánaitheoir – ach níor rith sé leis an rí dul ar faoistin agus bheadh airsean dul sna flaithis i bpeaca. Nach míchríostúil a bheadh sé mar sin ag an mbearbóir an rí a dhíbirt go hIfreann agus é féin in ann a bhealach chun na flaithis a ghabháil ar a shuaimhneas.'

D'admhaigh Thaddy nár bhreathnaigh sé ar chúrsaí riamh ar an gcaoi sin, agus dúirt go raibh sé anois go hiomlán ar a shuaimhneas leis an scéal.

Ba chosúil ar Barry anois, é sásta go bhfuair sé an lámh in airde, go raibh sé á réiteach féin le scéal eile a insint, ach cheap mise gur shuimiúla go mór ceann ó bhéal álainn Judy agus d'iarr mé uirthi é sin a dhéanamh sula ndéarfadh seisean go raibh uaidh féin scéal eile a insint.

Thug Barry isteach dó sin agus dúirt: 'Bean aniar í sin, insíodh sí scéal sí duit.'

'Tá go maith' a deir Judy, 'inseoidh mé scéal chomh maith agus atá mé in ann, ach tugaigí seal beag dom le smaoineamh agus ceann de na scéalta is deise atá againn a roghnú.'

Na síóga

An t-achar a bhí Judy ag cuimhneamh, thug Barry an míniú seo a leanas dom ar shaol na síóg.

'Is éard a bhí sna síóga,' a deir sé, 'i dtús ama ná aingil. Nuair a bhí ár dTiarna Dia faoi chogadh sna flaithis ag Sátan séanta, roinn na haingil iad féin i dtrí bhuíon. Chuaigh buíon amháin acu anonn chuig Sátan agus bhí siad ag iarraidh eisean a ghairm ina rí ar Neamh. D'fhan an bhuíon eile dílis don Tiarna agus throid siad ar a thaobh siúd in aghaidh Sátain agus na n-aingeal bithbhiúnta. Bhí an tríú buíon ag iarraidh fanacht go bhfeicfidís cé acu de na buíonta eile a thabharfadh an bua leo ionas go bhféadfaidís ansin taobhú leis na buaiteoirí.

'Nuair a fuair an Tiarna Dia agus a Mhac an bua ar Shátan, díbríodh é lena chuid aingeal séanta go léir go hIfreann, rinneadh saighdiúirí Neimhe de na haingil a d'fhan dílis, d'fhan siad ar Neamh agus chan siad duanta ag moladh Dé faoi stiúir an Ardaingil. Maidir leis an tríú buíon, iadsan a bhí ag fanacht go bhfeicfidís, is é an pionós a cuireadh orthu as iad a bheith ar nós cuma liom faoi Neamh agus Ifreann ná iad a dhíbirt chun na talún, mar a maireann siad faoi cheilt i gcrainn agus i gcarraigeacha, i dtoibreacha, i locha agus in aibhneacha.

'Is daoine maithe iad agus tá gean acu ar an duine, agus dealraíonn sé freisin amanna go dtugann siad cúnamh dóibh i dtráth fulaingthe agus géarchéime. Amanna mar ghníomh carthanais, tugann siad daoine atá an-mhaith agus an-deas leo de mheon cairdiúil isteach ina ríocht faoi thalamh agus nuair a éiríonn leis na daoine sin i dtrialacha éagsúla a chuirtear orthu, déantar síóga díobh.'

'Díreach mar a chruthós mo scéalsa,' a deir Judy leis sin, agus thosaigh sí:

An scéal faoi Ó Donnchú Rí na Síóg

'Fadó riamh bhí dea-rí óg aoibhinn ina rí ar an gcríoch ar fad i gContae Chiarraí. Ó Donnchú an t-ainm a bhí air. Thóg na ceardaithe agus na draíodóirí ab fhearr ar domhan caisleán, nach raibh a shárú le fáil, in ard sléibhe dó. Bhí na ballaí déanta as ór glan, bhí na doirse agus na geataí déanta as criostal agus ba í an chamhaoir a bhí mar dhíon air. Ní raibh sé ina gheimhreadh riamh ina ghairdín, agus bhí crainn as an India agus an Araib faoi bhláth ann agus níor fheoigh na bláthanna riamh.

'Bhí saol sona sásta á chaitheamh ag an rí sin Ó Donnchú. Ach lá amháin bhuail fonn é an chloch mhór a bhí ina soc i mbéal an locha sa ghairdín a chrochadh amach lena thaispeáint dá chuid ridirí agus do na mná uaisle cé chomh láidir agus a bhí sé. Ach níor thúisce an chloch crochta amach aige ná gur sceith an loch amach ar an talamh agus fágadh an chuid is mó de Chontae Chiarraí faoi uisce. Bádh go leor céadta míle duine agus clúdaíodh na móinéir dheasa a bhíodh go fairsing go dtí sin ann. Is amhlaidh gur loch draíochta a bhí sa loch i ngairdín an rí agus ní raibh grinneall ar bith ann. Is as sin a tháinig lochanna Chill Airne, míorúilt an domhain, agus "mórchúis na hÉireann".

'Is léir ó Oileán na bhFianna agus an tOileán Darach, a ardaíonn amach as na lochanna sin agus nach bhfuil a samhail ach ciseáin lán bláthanna, fós inniu cé chomh hálainn agus a chaithfeadh sé a bhí an tír sin a clúdaíodh le maidhmeanna an locha draíochta.

'Ní bhfuair an rí Ó Donnchú, an dea-fhear, aon suaimhneas óna fhailí, bhí sé trína chéile agus chaith sé é féin isteach sa tuile. Ach ghlac na síóga a bhí ina gcónaí i Loch Chill Airne isteach ina mbarróg é agus d'fhéach siad le sólás a thabhairt dó. Thaitin an dea-rí óg aoibhinn an oiread sin leo go mba bhreá leo rí na síóg a dhéanamh de. Ach ní fhéadfaidís siad é sin a dhéanamh nó go mbeadh sé in ann a chruthú dóibh go raibh maithiúnas faighte ó na daoine aige agus ní fhéadfadh sé an méid sin a chruthú ach trína léiriú go raibh grá ag cailín álainn neamhurchóideach dó.

'Gach maidin Lá Bealtaine d'éiríodh an rí Ó Donnchú amach agus théadh sé ag marcaíocht timpeall bhruach álainn Loch Chill Airne ag súil agus go bhfaigheadh sé cailín álainn, soineanta a thabharfadh grá dó. Bhíodh ag cinneadh air a leithéid a fháil agus d'fhilleadh sé go brónach ar ais ar an loch ag marcaíocht ar a chapall bán, nó go dtagadh sé aníos as an uisce arís maidin an chéad Lá Bealtaine eile.

'Tharla sé lá, fadó fadó, go raibh maighdean darbh ainm Melcha ina cónaí ar bhruach Loch Chill Airne i dteachín beag. Bhí sí chomh soineanta le naomh agus chomh hálainn le síóg. Ní raibh sé de mhisneach ag fear óg ar bith i gContae Chiarraí trí chéile dul ag suirí léi, ó bhí sí chomh soineanta álainn sin. D'fhág sin Melcha bhocht faoi mhórbhrón, agus bhíodh sí go huaigneach ag dul thart le bruach i ngan fhios don saol mór. Thaitin uaigneas agus áilleacht an locha chomh mór sin léi go ndearna sí dearmad faoi dheireadh ar na daoine agus chaitheadh sí a cuid ama ar fad ar bhruach an locha ag caint leis na tonnta, ag gabháil fhoinn leis na héin agus ag comhrá leis na bláthanna.

'Nuair a thagadh sé ina oíche b'fhada léi go dtiocfadh an mhaidin le go bhféadfadh sí dul amach arís chuig an loch, bhí a croí chomh líonta sin ag an tnúthán, ag grá a nasc í leis na tonnta siosarnacha cogarnacha. Go háirithe sa Bhealtaine, ba mhinic an fonn á brostú a dhul amach d'aon iarraidh amháin i lár na dtonnta.

'Uair amháin – ba é oíche aoibhinn Bhealtaine é – bhí Melcha ina suí arís amuigh ar an mbruach agus í ag éisteacht le sioscadh na dtonnta agus siosarnach an duilliúir os cionn a cloiginn. D'éirigh sé deireanach agus bhí sí ag iarraidh dhul ar ais chuig a teachín ach níor fhéad sí. Bhí cumhacht mhistéireach éigin á coinneáil ann. Bhí sé ar nós mar a bheadh duine éigin i ngreim ina sciorta á coinneáil ann. Ach nuair a bhí sé ag fáil níos deireanaí fós, chrap sí léi a cuid earraí agus dheifrigh sí, chomh luath agus a bhí sí in ann, ag imeacht ón mbruach. Ansin thosaigh an guth iontach bog ag cogarnaíl amach as na tonnta:

A óigh álainn, fan, fan,
Moilligh go dtiocfaidh drúcht na maidine:
Déanfad díotsa an bhrídeog sí,
Déanfad díotsa bean an rí. (G)[14]

'Ní fhéadfadh sí gan géilleadh do na glórtha binne sin. Luigh sí siar sa chaonach agus thit a codladh uirthi. Tar éis roinnt uaireanta an chloig dhúisigh ceol níos binne arís í. Bhreathnaigh sí amach ar an loch, agus le breacadh an lae

[15] Féach véarsa Gearmáinise (G) ó bhuntéacs Mortiz Hartmann san aguisín.

tháinig an cloigeann álainn seo aníos as lár na dtonnta, a raibh clogad óir air le cleití bána. Bhí duail dhubha thiubha ag teacht anuas go guaillí air; bhí a cheannaghaidh chomh bán leis an lile agus is beag nach bhféadfá breathnú tríd; bhí na súile gorm agus na fiacla mar a bheadh iall péarlaí.

'Ba ghearr go raibh deilbh iomlán marcaigh le feiceáil ina sheasamh ar na tonnta. Bhí culaith chatha ghlasuaine air agus claímh fhada lonrach. Bhí a each chomh bán le ceo na maidine, agus bhí loinnir an drúchta ar shrian agus stíoróip.

'Chuaigh an marcach faoi dhéin Melcha os cionn an locha anonn, agus ní raibh sise in ann bogadh as an áit. Tháinig sé anuas den each, cheangail sé de chrann é agus luigh sé le hais Melcha sa chaonach. Labhair sé i mbriathra chomh deas sin léi gur ardaigh sé a croí agus gur thug chun gáire agus chun caointe í mar a dhéanfadh leanbh. Ba ghearr go ndúirt sí leis go raibh sí i ngrá leis agus dúirt seisean ar ais léi é. Ansin chuir sé in aithne é féin mar an rí Ó Donnchú agus nuair a dúirt sise go mbeadh sí sásta a bheith ina bhrídeog aige chuir sé fáinne óir ar a méar agus thug sise a sais dó. Ansin phóg sé í agus gheall sé di go mbéarfadh sé leis í maidin Lá Bealtaine na bliana dar gcionn lena pósadh.

'Ansin, d'fháisc sé ar a chapall bán arís agus chuaigh ag marcaíocht amach i lár an locha, chroith sé lámh uair amháin eile siar uirthi agus síos leis sa loch. Líon an t-aer ar fad le ceol, thosaigh na crainn go léir ag péacadh d'aon turas amháin agus scairt na duilleoga agus na bláthanna: "Tá an rí Ó Donncha le pósadh." Cheap Melcha gur brionglóid a bhí aici, ach ba léir ón bhfáinne ar a méar gurbh í brídeog an rí Ó Donnchú í.

'Bhí Melcha ag tnúth chomh mór sin le bheith ina bean ag an rí Ó Donncha gurbh fhearr léi dá bhféadfadh sí an t-achar ar fad go dtí maidin Lá Bealtaine na bliana dar gcionn a chodladh. Faoi dheireadh tháinig an tráthnóna roimh an maidin sin. Chuir sí gúna brídeoige bán uirthi féin agus sháigh sí bláthanna ina gruaig fhionn, a bhí ligthe síos go fada ar gach aon taobh aici. Mar sin a chuaigh sí chun na carraige a dtugtar Carraig an Iolair anois air mar a mbeadh radharc ar an loch ar fad aici.

'Ach bhí fanacht fada uirthi. Ní raibh an rí Ó Donnchú ag teacht agus bhí faitíos uirthi go raibh dearmad déanta ar a bhrídeog aige. Ach nuair a bhí an mhaidin ag breacadh, chonaic sí sa chlapsholas an loch ag oscailt. Amach as croí an locha tháinig ar dtús slua de bhuachaillí beaga deasa a raibh fleasca, corróga agus ciseáin de bhláthanna ar iompar ina lámha acu. Is veisteanna gealghlasa gearra tanaí a bhí mar éadach orthu a chlúdaigh ar éigean na géaga séimhe. Ina ndiaidh aniar bhí sraith maighdean a raibh fallaingeacha órga, caillí agus seodra de chuile chineál ar iompar ar chúisíní dearga acu. Is fallaingeacha bána pléatacha fadsilteacha a bhí mar éadach orthu agus bhí a ngruaig fhionn á séideadh sa ghaoth. Díreach ina ndiaidh sin tháinig dhá chláirseoir déag, idir ógánaigh i bhfallaingeacha gearra agus aosaigh le féasóga leathana sruthacha, agus clócaí fada bána orthu.

'Sheinn siad poirt bhinne ar na cláirseacha agus bhí na hógánaigh, a bhí ag siúl cos ar bhonn leo, á dtionlacan le hamhráin. Le ceol cláirsí agus amhráin, seo aníos an rí Ó Donnchú ar a each bán. Bhí feisteas eile air le hais mar a bhí an bhliain roimhe sin. Bán a bhí a chulaith chatha ar fad, bhí cóta bán leathan anuas air óna ghuaillí – ach ar a chliabhrach bhí sais ghlas le feiceáil, an tsais sin a bhronn Melcha air. Bhí coróin órga ríoga anuas ar a ghruaig dhubh agus ina lámh dheas bhí ríshlat den eabhar a raibh seamair óir go lonrach ar a barr. Ina dhiaidh aniar bhí slua eile giollaí agus ridirí agus mná. Ach chuaigh an slua ar fad ar an mbruach thall agus bhí Melcha deighilte ón rí ag leithead an locha.

'Ach chonaic sí mar a bhí an fear a raibh sí geallta leis go grámhar gealgháireach léi. Bhuail tnúthán mór í dul chomh fada leis agus bhí cathú uirthi léim den charraig. Ach bhí faitíos uirthi go mbáifí í sula bhféadfadh a fear í a shábháil agus theip ar a misneach agus thosaigh sí ag caoineadh. Ansin tháinig an glór taobh thiar di:

> Seo leat, seo leat, a shíóigín álainn!
> Ní dhéanfaidh Loch Chill Airne
> Aon dochar dá banríon féin! (H)[15]

'Tháinig croí ansin aici agus léim sí anuas den charraig. Bhí an slua ar fad ansin fúithi agus rug an rí Ó Donnchú greim barróige uirthi. Thosaigh an cláirseoir ag seinm, thosaigh na hógánaigh, na buachaillí agus na cailíní ag canadh, agus leis an ngáir "Ó Donnchú, Rí na Síóg, Abú; Melcha, a bhanríon siúd, Abú!" théaltaigh cúirt ríoga na síóg i ndoimhneacht an locha.

'Ón tráth sin i leith tá bruach dheas sin loch Chill Airne go scothach forásach, óir go bhfuil gean ag rí na síóg ar an

[15] Féach véarsa Gearmáinise (H) ó bhuntéacs Mortiz Hartmann san aguisín.

gceantar inar rugadh a bhanríon. Gach maidin Lá Bealtaine tagann sé aníos arís as an loch agus nach méanar don té a fheiceann ann é mar go mbeidh sé sona sásta agus beidh saol fada aige.'

Na Saoirsí

Leis na scéalta sin bhí sé ina mheán oíche. Chuir mé mo bheannacht leis an gcomhluadar, a d'fhág slán liom – iad ag croitheadh láimhe go cairdiúil liom – agus choinnigh mé orm tamall eile in éineacht le Judy.

Is iad lucht rachmais agus uaslathacha Bhaile Átha Cliath a bhíodh ina gcónaí tráth sa chuid seo den chathair ina rabhamar, na Saoirsí, agus bhíodh pribhléidí speisialta acu agus is as sin a tháinig an t-ainm. Níos déanaí, d'aistrigh an *Gentry* go dtí an taobh aerach trasna na habhann, agus tháinig seantithe na n-uaisle, a raibh cuid díobh ina bhfoirgnimh phálásúla, chun seilbh na mbochtán i mBaile Átha Cliath – ar cuireadh lena líon siúd de bharr na himirce ó na contaetha eile a bhí ag fulaingt an ghorta. Is minic cúpla céad duine ag cur fúthu i dteach den sórt sin, iad gléasta i gceirteacha mar chodarsnacht bhrónach áirithe leis na seomraí agus hallaí arda, spásmhara, ardnósacha agus lena bhfuil fágtha den áilleacht i gcló péinte ar na ballaí agus ar an troscán.

Shiúlamar trí na cúngshráideanna arda dorcha, a bhí i marbhchiúnas; ciúnas nár briseadh, aon uair a briseadh é, ach le srannadh duine a bhí ina chodladh amuigh faoin aer.

Tar éis cúpla coiscéim bhí a fhios againn gurbh fhearr dúinn coinneáil le lár na sráide mar go rabhamar, agus sinn ag siúl le ciumhais an bhóthair, ár mbascadh féin go minic ar dhaoine a bhí ina gcodladh ar thairseacha agus ar chéimeanna agus gur chuireamar isteach ar an aon sólás amháin a bhí ag na daoine bochta: an codladh.

Tórramh

I gceann de na sráideanna sin chonaiceamar solas geal ag scalladh i bhfuinneog leathan. Chuamar faoina dhéin agus bhreathnaíomar tríd an bpána briste. Bhí corpán álainn leagtha amach ar an mbord ann, cailín ar cuireadh fios chun slí na fírinne uirthi agus í i mbláth na hóige.

Bhí sí gléasta in éadach bán agus fleasc ghlas ina gruaig. Ar gach aon taobh de leaba an bháis bhí trí choinneal ar lasadh, agus os cionn a cloiginn, a bhí leagtha anuas go séimh ar chúisín, bhí lampa geire ar lasadh. Mórthimpeall an chorpáin bhí tuilleadh ban ina suí ar stólta nó ar an talamh féin, a lig gal a bpíopaí amach mar thúis, rud a d'fhág an corp agus an seomra tosaigh ar fad i gceo trom. Bhí na fir, a raibh go leor díobh ann freisin, níos faide amach ón gcorp agus bhí siad ina suí nó ina luí, cuid díobh ag caint agus cuid díobh ina gcodladh, i gcúinní an tseomra. Ní raibh an ciúnas i réim anseo a bheadh go hiondúil san áit a mbíonn corp. Ba é a mhalairt é; bhí na mná ag caint le chéile go hard soiléir.

'Sin é corp Honor bhocht dheas.' a deir Judy liom. 'Tháinig sí aniar in éineacht liomsa agus cailleadh leis an eitinn nó leis an ocras í. Ba í an duine ab fhearr agus ba gheanúla de dhroim an domhain í. Bhí sí ag rá i gcónaí go raibh sí ag iarraidh tórramh a bheith uirthi tar éis a báis, cé go bhfuil an nós naofa sin imithe i léig anseo i mBaile Átha Cliath le fada. Ach is mór againne i gcónaí, an dream bocht san Iarthar, an nós sin agus cuirimid cuid i dtaisce ar feadh ár saoil lena aghaidh. Mar is mór an onóir é tórramh maith a bheith ar dhuine. Teach oscailte atá ann,' a deir sí ansin, 'agus féadfaidh gach uile dhuine dul isteach agus cúpla Ár nAthair a chur le hanam an mhairbh.'

Isteach le Judy freisin, chuaigh sí ar a glúine le hais an choirp agus ghuigh go dúthrachtach, agus níor chuir an chuid eile den chomhluadar lena gcomhrá ard glórach isteach ar bhealach ar bith uirthi.

Sheas mise mé féin i ndoras an tseomra agus d'fhéach mé ar an íomhá ar leith seo. Ón méid a bhí mé in ann a léamh ar éadain aduaine na mban, bhí an scéal ar fad tragóideach agus fíorbhrónach. Ar an gcróchar, bhí leanbh deas óg ar dhíbir an fhulaingt óna baile maith í go ceantar coimhthíoch ina bhfuair sí an uaigh, agus lena hais anois tá bláth níos deise ar a glúine ar dócha – *Aighe!* ar cinnte – go bhfuil dearóile níos mó i ndán di.

Phóg Judy corp an chara a bhí aici tráth, ansin phóg sí íochtar na croise a bhí i lámha an chorpáin agus d'imigh sí arís, beagnach chomh réidh agus fuarchúiseach céanna agus a tháinig sí. An t-aon rud ná go raibh sí beagán níos tostaí sna chéad nóiméid eile.

Slán le Judy

Ar na céanna chonaiceamar constábla a bhí ag dúiseacht na gcodlatán a bhí ina luí ar na cosáin lena mhaide agus é á ndíbirt ar ais arís sna sráideanna cúnga i dtreo na Saoirsí. Ba chosúil gur ansin amháin a bhí cead acu codladh amuigh faoin aer. Ar Dhroichead Carlisle [Droichead Uí Chonaill] bhuaileamar lenár seanchara Barry, a raibh sé ina dheifir air féin agus Thaddy de réir cosúlachta an bruach eile a bhaint amach. Bhí Judy ag iarraidh bleid a bhualadh air ach chaith sé cúpla focal sa chanúint Ghaelach léi agus dheifrigh sé leis. Mhínigh Judy dom go raibh an comrádaí sin ag Barry, Thaddy, i dtrioblóid leis na póilíos faoi láthair agus gur éirigh leosan é a aimsiú sa teach tábhairne sin agus go raibh Barry

Sráid an tSeomraigh sna Saoirsí.

anois ag lorg cró folaigh dhó ar an taobh eile den abhainn nó b'fhéidir taobh amuigh den bhaile mór.

Amach os cionn Chuan Bhaile Átha Cliath bhí clapsholas fháinne an lae ag éirí; bhí gaoth na maidine ag corraí i seolta agus rópaí an chalafoirt; bhí beocht ag teacht sna longa féin. D'fhág mé slán go caithiseach ag Judy agus ní fhéadfainn ina dhiaidh sin féin gan a iarraidh uirthi an turas go Londain a chur as a chloigeann. Ach d'fhreagair sí ag ardú na malaí di: 'Céard atá i gceist agat, a dhuine chóir? Níl *Mr.* Ohr le fáil i gcónaí a thabharfaidh créatúr bocht atá ar fán agus ar fuaidreamh isteach ina theach agus a dhéanfaidh bean shaibhir di.' Bhí sí ag caint ar an gceannaí a raibh a cháil amuigh i mBaile Átha Cliath go ndeachaigh áilleacht cailín fáin i gcion chomh mór sin air gur bhunaigh sé siopa earraí glantacháin di agus gur tharrtháil sé ón tubaiste gan teorainn í.

Sháigh mé beagán airgid isteach ina lámh, agus nuair a bhí mé ag glacadh buíochais arís ó chroí léi as an méid a rinne sí dom, dúirt mé freisin: 'Seo, Judy a stór, tá do dhóthain airgid anois agat le maireachtáil seal agus obair a chuardach duit féin.'

Chroith Judy lámh liom agus d'imigh sí léi. Tar éis deich gcéim chas sí thart uair eile, rinne gáire agus dúirt: 'Tá sé comhairthe agam. Is leor an méid sin anois le dul go Londain.' Agus d'éalaigh sí orm sa dorchadas i Sráid Westmoreland.

Sin é saol na hoíche i mBaile Átha Cliath. Nuair a tháinig mé go dtí mo sheomra bhí mo chloigeann á scoilteadh. D'oscail mé an fhuinneog. Bhí an ghrian, go mór álainn, ag éirí os cionn Chuan Bhaile Átha Cliath.

Nóta Beathaisnéise Moritz Hartmann

Moritz Hartmann a scríobh 'Briefe aus Irland' in *Deutsches Museum: Zeitschrift für Literatur, Kunst und öffentliches Leben* Eanáir–Meitheamh 1851. Leipzig: J. C. Hinrichs'schen Buchhandlung.

Rugadh Moritz Hartmann (1821–1872) in Duschnik san Ostair. File, iriseoir, scríbhneoir agus polaiteoir a bhí ann. Lean sé cúrsa léinn san fhealsúnacht agus sa litríocht i bPrág. Is beag deis a bhí aige a chuid filíochta a fhoilsiú san Ostair mar gheall ar an gcinsireacht a bhí i réim ansin. (Bhí corraíl mhór pholaitíochta san Eoraip sa chéad leath den 19ú haois tráth a cuireadh deireadh leis an Impireacht Naofa Rómhánach.) Sna 1840idí, lean sé sampla an dreama a chuaigh ar an deoraíocht dheonach; rud a thug ar fud na Mór-Roinne é. Nuair a d'fhill sé ar an mBóihéim, gabhadh é agus tugadh os comhair na cúirte é mar gheall ar a chuid scríbhinní. D'fhág an méid sin cáil áirithe air faoin am a thosaigh réabhlóidí na hOstaire sa bhliain 1848. Toghadh é mar theachta i dtionól náisiúnta Frankfurt (1848–1849), agus é ar dhuine de radacaigh na clé daonlathaí. Thug sé a thacaíocht do na réabhlóidí a bhí i Vín agus in Baden na Gearmáine agus nuair a d'éirigh an saol róchorrach chuaigh sé ar a theitheadh, chun na hEilvéise ar dtús agus ina dhiaidh sin chun na Fraince mar ar oibrigh sé mar shaineolaí ar litríocht na Gearmáinise. In 1854 chaith sé seal ag tuairisciú as cogadh na Crimé agus ó 1858 bhí sé ag obair arís ar chúrsaí litríochta i bPáras. Sa bhliain 1860 ghlac sé le post mar léachtóir le litríocht na Gearmáinise in Ollscoil na Ginéive.

Aguisín

Seo a leanas na véarsaí Gearmáinise atá sa bhuntéacs le Moritz Hartmann agus a bhfuil leaganacha Gaeilge díobh cumtha ag an aistritheoir. Tá na véarsaí Gaeilge sa téacs marcáilte (A), (B), etc. ag freagairt do na véarsaí seo a leanas.

(A) ar leathanach 3 den téacs aistrithe.

Auf weitem Meer allein!
Allein auf weitem Meer!
Nur Himmel, Mondenschein,
Seevögel um mich her.
Doch zieht ins Herz mir ein
Etwas, das tut wie du,
Oh Glück: 's ist mehr als Ruh,
's ist das Vergessensein!

(B) ar leathanach 6 den téacs aistrithe.

Wie ruht es sich so süß
In traulicher Kabine
Beim gleichmessnen Schlag
Der treibenden Maschine,
Wenn an das Fensterlein
Die nächt'ge Welle schlägt,
Gleichwie an unser Herz
Das Leben, das uns trägt.

(C) ar leathanach 17 den téacs aistrithe.

Ob hier auf dem Schaffotte hoch,
Ob, wo der Tod der Schlachten wirbt –
Es stirbt der Mensch am schönsten, wo
Es für die Menschen stirbt.

(D) ar leathanach 35 den téacs aistrithe.

Des Lebens Freude liegt in diesem Grabe,
Robert A Roon.
Hier alles, was ich lieb und teuer habe,
Robert A Roon.
Gemahl du meiner Seele – in dem Schreine
Ist »letzte, bange Heimat« – ach, die deine,
Der Hoffnung, Freiheit, Liebe – und die meine,
Robert A Roon.

Doch Tränen müssen fallen ungesehen,
Robert A Roon,
Noch aus den Schollen will kein Grün erstehen,
Robert A Roon,
Kein Leichenstein darf deinen Namen tragen,
Es darf kein Mund von deiner Treue sagen,
Es darf kein Herz zu deinem Ruhme schlagen,
Robert A Roon.

Des Heldendichters Wehlaut, dir zu Preise,
Robert A Roon,
Muß schweigen, schweigen muß der Harfe Weise,
Robert A Roon,
Kein einz'ger Seufzerhauch darf ihr entgleiten,
Zu klagen all die toten Herrlichkeiten –
Den Ton verloren haben ihre Saiten,
Robert A Roon.

Die Nacht ist rauh und kalt, die Winde jagen,
Robert A Roon,
Viel kälter mag mein Herz im Busen schlagen,
Robert A Roon.
Nie wird mir heitre Sonne wieder scheinen,
Nie kann mein Herz mehr zu erwärmen meinen,
Oh es ist kalt, erstorben – gleich dem deinen,
Robert A Roon.

Ich möchte nie von diesem Ort mich trennen,
Robert A Roon.
Ach, welchen andern soll ich Heimat nennen?
Robert A Roon.
Oh hätten sie mich fort mit dir getragen,
Viel heißen Dank würd ich dem Tode sagen,
Mein Brautbett wäre mir der Totenschragen,
Robert A Roon.

Ein einzig Hoffen füllet mein Gemüte,
Robert A Roon.
Daß ich, um zu verwelken, nur erblühte,
Robert A Roon.
Nie wieder kann mein Herz in Blüte prangen,
Von Mehltau ist sein tiefster Keim umhangen,
Und alle Lebensfreude ist vergangen,
Robert A Roon

(E) ar leathanach 36 den téacs aistrithe.

Allgottheit, nimm mich auf, lös mich in Tropfen Taus,
Wie er am Blatte hängt, laß ungemessne Fernen
Mich ewiglich durchziehn, hin zwischen Blum' und Sternen,
Laß mit dem Ozean mich unerkannt verschwimmen,
Laß mit dem Strom von Licht, der mich umrauscht, verglimmen,
Daß ich mich nicht als Eins und Einsames empfinde,
Gleich dem verstoßenen und mutterlosen Kinde!

(F) ar leathanach 47 den téacs aistrithe.

Nicht stolze Säulen prangen hier,
Wo Opfer ruhn der heil'gen Sache,
Doch, ach, das Blut, das hier vergossen,
Zum Himmel schreit es auf um Rache.

Um Rach' auf des Despoten Haupt,
Dem Menschenelend Freude macht,
Der Tränen trinkt, von Not geweint,
Und, wenn sie fließen, ihrer lacht.

Um Rache auf den harten Richter,
Der seine Hand in Blut getaucht,
Der Unrecht mit dem Schwert bewaffnet
Und nie des Rechtes Waage braucht.

Um Rache für das Land, das Grab
Dem eignen, elenden Geschlecht,
Drauf welke Freiheit neigt das Haupt,
Und wo der Mensch nur lebt als Knecht.

Oh heilig Recht, befrei dies Land
Von Tyrannei, die uns erdrückt,
Nimm deinen Stuhl, nimm deine Waage,
Doch sei nicht mehr dein Schwert gezückt.

Nicht nach Vergeltung streben wir,
Zu lang schon währt des Schreckens Zeit,
Die Freiheit komme gnadenreich
Und unbefleckt von Grausamkeit.

Nicht soll des Unterdrückers Asche
Sein mit des Dulders Staub gemengt –
Dies ist der Ort, den Erins Söhne
Für Erins Glück mit Blut getränkt.

All die, so hier gebettet sind,
Jedweder sei gebenedeit,
Gesegnet sei ihr Angedenken,
Ihr Ruhm durchdringe alle Zeit.

Sie ruhn in ungeweihtem Boden,
Den Priesterhand gesegnet nicht –
Kein Glockenschall ruft hier zur Andacht,
Kein Denkmal, das zur Zukunft spricht.

Doch segnet hier das Herz des Armen,
Doch weinet hier der Patriot –
Die tragen ihren Ruhm zum Himmel,
Dieheiligen den schönen Tod.

(G) ar leathanach 76 den téacs aistrithe.

Du schöne Jungfrau, bleibe, bleibe,
Verweile, bis der Morgen taut:
Ich mache dich zur Elfenbraut,
Ich mache dich zum Königsweibe.

(H) ar leathanach 79 den téacs aistrithe.

Nur zu, nur zu, du schöne Fee!
Killarneysee
Tut seiner Königin nicht weh!

Sonraíocht CIP Leabharlann na Breataine. Tá taifead catalóige i gcomhair an leabhair seo ar fáil ó Leabharlann na Breataine.

Tá Cois Life buíoch de Chlár na Leabhar Gaeilge (Foras na Gaeilge) agus den Chomhairle Ealaíon as a gcúnamh.

An chéad chló 2013

ISBN 978 1 907494 32 1

Grianghraif in 'Na Teamplóirí' agus 'Cúis Asarlaíochta in Echternach': Labhrás Ó Finneadha

Grianghraif in 'Litreacha as Éirinn' le caoinchead ó Leabharlann Náisiúnta na hÉireann

Clúdach agus dearadh: Alan Keogh

Clódóirí: Nicholson & Bass Ltd.

www.coislife.ie

Asarlaíocht, Gorta agus Teamplóirí

Clár

Na Teamplóirí i Lucsamburg

le

Jules Mersch

Tá beagán níos mó ná aistriúchán díreach sa sliocht seo. Chun soiléiriú breise a thabhairt do na léitheoirí cuireadh míreanna breise leis an eolas a bhí sa bhun-alt. Socraíodh freisin díriú ar an gcuid sin den alt a bhain go sonrach leis na Teamplóirí; fágadh ar lár, mar shampla, píosaí áirithe a bhain le pearsana sa stair agus seachthagairtí nár bhain le scéal na dTeamplóirí. Is leis an mbunúdar, Jules Mersch, agus an té a rinne cóiriú ar an mbuntéacs, Jean-Pierre Koltz, na tagairtí d'fhoinsí eile ach iad oiriúnaithe do mhodh tagartha atá níos coitianta sa lá atá inniu ann.

Lucsamburg sa Mheánaois

Déantar trácht anseo ar an mbaint a bhí ag na Teamplóirí leis an gceantar a chuimsíonn Lucsamburg sa lá atá inniu ann. Níor mhiste a mheabhrú, áfach, nach ionann tír an lae inniu agus na teorainneacha polaitíochta a bhí ann sa Mheánaois.

Ba dhúiche (fíofa) neamhspleách den Impireacht Naofa Rómhánach é Lucsamburg féin. Ach déantar trácht anseo freisin ar cheantair eile nach raibh i ndúiche Lucsamburg ag an am ach a raibh 'cleamhnacht' acu le cumhachtaí polaitiúla eile nó a bhí faoi chosaint acu.

Bhí dhá mhórchumhacht pholaitiúla i lár na hEorpa ag an am, Ríocht na Fraince agus an Impireacht Naofa Rómhánach. Más mórchumhachtaí a bhí iontu sin féin, bhíodh socruithe agus comhaontuithe á ndéanamh ar leibhéal na dúiche ag na cuntaí, prionsaí agus prionsa-easpaig lena chéile agus ní annamh ceantair a bheith ag athrú dílseachta, más dá dtoil féin é nó dá n-ainneoin, ag brath ar aighnis, socruithe pósta nó deacrachtaí airgid.

Is 'contae' a bhí in Vianden, sa mhéid gur ceantar é a bhí á rialú ag cunta. Paróiste a bhain le Vianden ag an am a bhí in Roth. Tá baile Roth sa Ghearmáin sa lá atá inniu ann.

Ord an Teampaill

Tá aird an phobail tarraingthe le roinnt blianta anuas ar Ridirí an Teampaill, a bhuíochas den úrscéal mór-ráchairte, The Da Vinci Code *(Double Day, 2003), agus do scannán bunaithe ar an úrscéal sin. Má bhain an t-úrscéal sin le miotas an tsoithigh naofa agus an pháirt a bhí ag na Teamplóirí i gcosaint an tsoithigh naofa, níor mhiste fós féin a thuiscint gurbh ord eaglasta a bhí sna Teamplóirí a chuir fúthu in áiteanna éagsúla ar fud na hEorpa. Táthar ag súil go bhfaighfear léargas breise ar an ord sin tríd an gcuntas seo ar na Teamplóirí a bhí i Lucsamburg.*

Ord míleata agus creidimh a bhí i Ridirí an Teampaill. *Milites temple* nó *templarii* a thugtaí orthu sa Laidin. Fuair siad an t-ainm sin mar gheall ar go raibh an sciathán den phálás a chuir rí Iarúsailéim ar fáil dóibh buailte isteach ar chúl Theampall Sholaimh.

Naonúr ridirí Fhrancacha a bhunaigh an t-ord agus cruthaíodh é le bulla ón bPápa in 1118. Níor mhiste a mheabhrú go raibh dhá phápa ann an bhliain sin, bhí an Pápa Gelasius II nó Jean de Gaëta, Beinidicteach (24 Samhain 1118–28 Eanáir 1119) agus chomh maith leis sin, bhí an frithphápa Gréagóir VIII nó Maurice Bourdin, Beinidicteach, (tús 1118–1121) ann. Mhair an t-ord de réir riail an Chanóin Ríoga agus fuair siad moladh chomh hard sin ó Bhearnard Clairvaux (1119), gur ghlac siad leis na rialacha a leag seisean síos dóibh in 1128.

Sa bhliain 1163, bhronn an Pápa Alastar III (1159–1181) cumhachtaí as cuimse orthu. Thug sé sin díolúine ón gcóras ceartais dóibh, i.e. nach raibh orthu géilleadh do ghnáthdhlí na dúiche. Ba í an Impireacht Naofa Rómhánach a bhí i réim an uair úd mar a mbíodh ceannas ag Prionsa-Easpaig ar cheantair éagsúla. D'fhág na cumhachtaí breise seo freisin, nach raibh orthu géilleadh d'impireacht na n-easpag ach gur fágadh faoi údarás aonair an tSuí Naofa iad agus gur don phápa amháin a chaithfidís freagairt.

Bhí dhá príomhchuspóir ag an Ord i dtús ama: ba iad sin cosaint a thabhairt d'oilithrigh agus iad ag taisteal ar bhealaí contúirteacha na Palaistíne agus, chomh maith leis sin, ainchreidmhigh a choinneáil faoi chos. Ach tháinig deireadh leis na Crosáidí, agus spéisiúil go leor ba mhó go mór an chaoinfhulaingt a bhí á léiriú ag na Saraistíní ná ag na Críostaithe. Mar thoradh air sin, thosaigh daoine ag filleadh ar oird eile nuair nach raibh orthu a bheith ag brath a thuilleadh ar na Teamplóirí.

Bhí an tOrd éirithe saibhir faoin tráth seo, agus thosaigh sé ag cúlú níos mó agus níos mó i dtreo Oirthear na hEorpa.

Bhunaigh siad an iliomad ceannasachtaí i.e. na ranna riaracháin ba lú i ndúiche. B'fhearr leo, dá bhféadfaidís é, na ceannasachtaí sin a bheith ar chrosairí na mórbhealaí, nó ar a laghad in aice le ceantar tráchtála nó sa cheantar tráchtála féin. Ar an gcaoi sin, d'éirigh leis na Teamplóirí an comhrac in aghaidh na ropairí a bhíodh ina bplá ar na bóithre móra a bheith acu mar chuspóir a bhí ag luí le cuspóirí an Oird.

Rinneadh athbhreithniú ar rialacha an Oird i lár an 13ú haois. I measc na nithe a bhí san athbhreithniú sin, bhí an fhoráil go ndéanfaí na comhaltaí nó na ridirí (a bhféadfadh sé gur de shliocht teaghlaigh uasail iad) a dheighilt ina sagairt agus ina mbráithre friothála. Ag an tráth sin, bhí isteach agus amach le 20,000 ridire san Ord agus iad leithdháilte ar thart ar 9,000 ceannasacht, báillcheantar agus teaghlach.

Le linn na gCrosáidí bhí cúram baincéirí ar na Teamplóirí sa mhéid gur chuir siad 'cros' ar sheiceanna a bheadh iníoctha sa Phalaistín agus bhí siad in ann na seirbhísí baincéireachta céanna a chur ar fáil do cheannaithe anois.

Teacht Ridirí an Oird go Vianden

Baile in oirthuaisceart Lucsamburg ar an teorainn leis an nGearmáin é Vianden, a bhí ina chontae ann féin á rialú ag cunta ag an am. Tá sé ar bhruach abhainn an Sûre agus tá craobhabhainn an Our in aice láimhe.

Más trí sheans nó le teann fiosrachta é, tháinig na Teamplóirí go Vianden lá agus is é is dóichí gur lean siad an príomhbhealach trádála ó Reims go Trier nó go Köln. Sin nó thug rialtóirí oidhreachtacha réigiún an Our cuireadh do na Teamplóirí le go mbunóidís ceannasacht in Roth. Níl réiteach na ceiste sin againn. Níl amhras ar bith ach gur in Pierrevillers, gar do Metz na Fraince, a bhí an teach Teamplóirí ba ghaire do Roth (Wampach1935–49: Iml. II, lgh. 68–69).

Bhí tábhacht tráth le teach Vianden sa mhéid go raibh daoine den teach sin i measc na gCrosáidirí, go raibh 180 buirg agus sráidbhaile faoi choimirce an tí sin, agus go raibh os cionn 30 teaghlach uasal a thug dílseacht agus urraim dóibh (Koltz 1972: lgh.6–7). Fós féin, is léir go raibh mórchlú an tí ag tosú ag meath ag an tráth atá faoi chaibidil againne, an 13ú haois.

Thosaigh an meath sin mórán nuair ab éigean don chunta Henri I (1210–1252) maoin chaisleán Vianden a aistriú go sealadach i Lúnasa 1220 chuig ardeaspag Köln, Engelbert I (1216–1225). Is amhlaidh a bhí Henri agus a chuid deartháireacha i ngéibheann ag Cunta Waleram Lucsamburg, agus bheadh an t-ardeaspag in ann a chur faoi deara do Waleram iad a scaoileadh saor ach an talamh a aistriú chuige. (Wampach 1935–45: Iml. II, lch. 136)

Fíor ar an mballa (Rother Männchen/Feairín Roth) a meastar é a bheith ann ó aimsir na dTeamplóirí

Chuaigh Henri agus a dheartháir Sigefroid ag lorg urrúis don todhchaí agus lorg siad é sin ar an impire Frédéric II (1220–1250). (Vannérus 1931: lch. 9)

Dáta bhunú an Oird in Vianden (Roth)

Níl gach duine ar aon intinn faoin dáta ar chuir na Teamplóirí fúthu in Vianden (Roth).

Déanfar trácht níos faide anonn ar an easaontas a bhí idir na Teamplóirí agus Ord na Tríonóide in 1248. Ach is léir ó fhoinsí a bhaineann leis an easaontas sin go raibh na Teamplóirí in Roth le 99 bliain ar an dáta sin. Is ar éigean a bheadh sé ina chonspóid a rá gur dócha go measfadh Cunta Vianden sna 1230idí gur bhuntáiste dósan a bheadh ann ceannasacht ord cumhachtach sin na dTeamplóirí a bheith in aice leis i bhfianaise na ndeacrachtaí a bhí aige féin.

Deir Théodore Bassing (Bassing 1925: lch. 29) ina threoirleabhar léaráidithe ar Vianden go gcaithfeadh sé gur chuir an Cunta Frédéric III (1187–1210) fios ar na Teamplóirí sular fhéad sé an Chros a chrochadh le dul chun na Talún Naofa. Ach d'uireasa na bhfoinsí, ní féidir muinín a chur san áitiú sin.

Is í an easpa foinsí freisin, a fhágann nach bhféadfaimid glacadh lena ndeir Jules Vedruns (Vedruns 1931: lch. 240) a áitíonn gurb é an Cunta Philippe a thug baisleac Roth do na Teamplóirí sa bhliain 1228 'le go mbeadh sí ina lárionad pribhléideach acu i Vianden'. Dá mbeadh an dáta sin cruinn, ní hé Philippe a dhéanfadh an bronnadh ach a athair Henri I. Luaitear freisin an dáta 1245–56 (Neyen 1851: lch. 107; Bertholet 1741–43: Iml. V, lch. 145; Koenig 1907: lch. 284) ach ní cosúil an dáta sin a bheith ceart.

Leagan amach na mainistreach

Bhí ceannasacht bheag seo Ord na dTeamplóirí ann ar feadh céad bliain ar a laghad, ach cén cineál áite a bhí acu?

Baisleac bhídeach den stíl Rómhánach ar na carraigeacha os cionn abhainn an Our a bhí ann ar dtús. Dar le daoine (Nothumb 1966: lgh. 198–99), tógadh an bhaisleac sin sa chéad leath den dara haois déag agus deir daoine eile (Irsch1927: lgh. 178–9, 206) gur tógadh an séipéal 'roimh agus thart ar 1200'. Dar le Arendt (Arendt 1903: lch. 13), díon adhmaid a bhíodh ar an tseanbhaisleac agus gur cuireadh boghta ina áit níos deireanaí ar nós an bhoghta a bhíodh i mbaisleac Echternach.

D'fhéadfadh sé gurb éard a bhíodh sa chúlbhá stuach ná córlann an tsanctóra bunaidh a théann siar, de réir an traidisiúin pobail, go dtí aimsir San Willibrord († 739) agus a bhféadfadh sé gur tógadh é ar fhothracha teampaill phágánaigh. Féachann Alex Koenig (Koenig 1914: lch. 88) le bunús a thabhairt don seanchas sin á mhaíomh, ós rud é go raibh contae Vianden ann in 711 (rud nach bhfuil cruthaithe beag ná mór) nach raibh cúis ar bith eile ann le séipéal a thógáil taobh amuigh de Vianden ach amháin chun go bhféadfadh an pobal tiontaithe leanúint den adhradh ar sheansanctóir.

Seo a leanas cúpla focal faoin tseoid ailtireachta seo atá tógtha as Wackenroder (Wackenroder 1936: lgh. 250, 253–255, 259) agus á chur i láthair ag Jean-Pierre Koltz.

> Maidir lena bhfuil fíor agus ar dealraitheach a bheith cruthaithe go soiléir, tá an ceart ag dream 'amháin' agus an ceart céanna ag an dream 'eile'.
>
> Deir dream 'amháin' gurb éard a bhí sa chéad séipéal, bídeach, a chuir Eaglais Trier á thógáil roimh 1140 (b'fhéidir faoin ardeaspag Adalbéron, 1132–1152) ná an tseanchórlann i.e. an chúlbhá thuaidh atá ar chlé ón bpríomhchórlann atá anois ann agus a fhónann faoi láthair mar shacraistí. D'fhéadfadh sé go deimhin gur tógadh é (rud nach féidir a chruthú ná a bhréagnú i láthair na huaire) ar iarsmaí sanctóra a bhí ann roimhe sin, sanctóir a bhunaigh San Willibrord, b'fhéidir, ar fhothracha teampaill phágánaigh.
>
> Deir an dream 'eile', gur méadaíodh an chéad sanctóir seo 'roimh agus thart ar 1200' agus go ndearnadh de an bhaisleac atá anois ann ach go raibh díon cothrom déanta as saileanna nó giarsaí air. Ba ag an tráth sin a rinneadh an doras thuaidh (atá dúnta suas anois) leis an tiompánam i rilíf ard agus an príomhdhoras thoir a bhfuil stuamhúnláil isteach ann, a ndearnadh mórathrú air san 18ú haois. Ar an imeall amuigh tá

An chuid de shéipéal an lae inniu a meastar é a bheith ann ó aimsir na dTeamplóirí.

banda tonnach de línte idirlásaithe, mar atá i gcaisleán Vianden ar an doras isteach go dtí seomra na gCuntaí ar an gcéad urlár den phálás beag, áit a léiríonn an banda duilleoga darach.

Is in aice leis an mbaisleac a thóg na Teamplóirí caisleán nach bhfuil fágtha de tar éis an Dara Cogadh Domhanda ach na ballaí amuigh agus iad sin féin scriosta. Go deimhin, ní ó aimsir na dTeamplóirí an túr a bhí mar bhealach isteach chuig an gcúirt ach ó ré an dreama a tháinig ina ndiaidh, ridirí Naomh Eoin (16ú haois). Mar atá le léamh ón inscríbhinn ar lindéar an dorais isteach go dtí an caisleán atá faoi láthair ann, rinneadh an caisleán sin ar láthair an tseanchaisleáin, a bhí imithe i léig, in 1733 faoi cheannas Jacques de Duding (ba é Duding a bhí ina shaoiste freisin ar Kronenburg, Sobernheim, Hangenweisen agus Fribourg na hEilvéise) agus tá airm Duding le fáil os cionn an dorais. Dála an scéil, is 2,417 Reichstaler agus 15 Escalin an costas tógála (Koening 1907: lgh. 352, 414).

Ord na Tríonóide agus easaontas idir na Teamplóirí agus na Tríonóidigh

Sa bhliain 1248 d'fhill Cunta agus Cuntaois Henri ar Vianden as réigiún Picardie tar éis dóibh cuairt a thabhairt ar Bhráithre Ord na Tríonóide Naofa um Fhuascailt na nGéibheannach. Tharla sé roimhe sin gur gabhadh an Cunta Frédéric II (†1247), an mac ba shine a bhí ag Henri, sa Talamh Naofa agus gur éirigh leis an Ord sin é a scaoileadh saor. Mar bhuíochas ar a ndearna an t-ord chun a mac a scaoileadh as an ngéibheann, bhronn Henri an t-ospidéal a bhí curtha á thógáil in Vianden ar Ord na Tríonóide (Wurth-Paquet 1860: lch. 56) agus ní dealraitheach go raibh aon rud ag an Teamplóirí in aghaidh theacht na dTríonóideach.

Go deimhin, de réir gníomhais dar dáta Bealtaine 1248 atá in Aircíví an Stáit (Trinitiares de Vianden A-XLLVIII-1), ba é an Máistir Déin, reachtaire eaglais na dTeamplóirí, i láthair Phropast Uachtarach (*majore preposito*) Cologne, canónach ó eaglais San Simeon Trier etc, i measc daoine eile, a bhronn ar na Tríonóidigh an cead an t-ospidéal a bhí leagáidithe orthu ag Cunta agus Cuntaois Vianden a ghlacadh, cead cónaithe a bheith acu san áit agus aifreann a cheiliúradh ann gan dochar do chearta paróisteacha Roth.

Thosaigh na heasaontais nuair a d'fhéach na Tríonóidigh le séipéal a thógáil in aice leis an ospidéal. Bhí a chosúlacht ar chúrsaí anois go raibh siad ag iarraidh iad féin a scaoileadh ón ngreim a bhí ag paróiste Roth orthu. Murab é sin a bhí i gceist, cén míniú a d'fhéadfadh a bheith ar dhoiciméad dar dáta 17 Márta 1249 atá ar coimeád in Aircíví Rannóg Staire Institiúid na hArd-Diúcachta, agus ina gcuireann Pierre, Cairdinéal-Leagáit, de chúram ar 'scholasticus' as eaglais San Siméon in Trier athbhreithniú a dhéanamh ar an mbreithiúnas a rinne sé sa chúis idir Cunta Vianden agus Teamplóirí na Fraince agus Lorraine maidir le ceart pátrúnachta eaglais Roth? (Wampach 1035–49: Iml. III, lgh. 40–41)

Bhí an séipéal tógtha ag na Tríonóidigh faoin mbliain 1252, agus d'áitigh siad gurb iadsan a gheobhadh an t-ioncam a thiocfadh ón séipéal. Ach bhí cearta ag na Teamplóirí óir gur acu a bhí an ceannas ar pharóiste Roth, ar chuid de Vianden é ag an am, agus ní raibh fonn orthu na cearta sin a scaoileadh uathu. Mhéadaigh an spairn idir an dá ord seo, go háirithe tar éis bhás Henri I (1252) agus nuair a tháinig a dheartháir Philippe i gcomharbacht air.

Ba é Philippe I uncail agus oide an mhic ab óige a bhí ag Henri I (bhásaigh an mac ba shine a bhí ag Henri, Frédéric, in 1247) agus d'fhorghabh sé an teideal Cunta Vianden. Ní go maith a chuaigh sé sin dó, mar is dá bharr sin a chaill sé an ceannas a bhí leis an bhfad sin ag Cuntaí Vianden, mar shampla an 17 Feabhra 1271 b'éigean do Philippe a dhílseacht do Chunta Lucsamburg a dheimhniú. (Wampach 1935–49: Iml. IV, lgh. 309–12)

D'fhéach an t-ardeaspag Arnold II ar Trier le deireadh a chur leis an aighneas idir an Tríonóidigh agus na Teamplóirí tríd an máthairpharóiste a scoilteadh ina dhá chuid sa bhliain 1256 agus go mbeadh abhainn an Our mar theorainn idir an dá chuid.

Leanfadh na Teamplóirí den cheart pátrúnachta a bheith acu agus deachúna beaga a fháil ó bhaile agus caisleán Vianden. Ach ós rud é go raibh sagart paróiste Roth rófhada ó Vianden agus go mba leor an t-ioncam ón bparóiste le dhá shagart a chothabháil, cheapfadh na Teamplóirí biocáire don bhaile íochtair in Vianden agus d'fhónfadh siad dá riachtanais.

Rinneadh séipéal an chaisleáin a ardú go dtí céim eaglais pharóiste don chuid de Vianden a bhí ar an mbruach dheis d'abhainn an Our, agus is ar Chunta Vianden a thitfeadh maoiniú an pharóiste nua. Ach d'íocfadh an eaglais pharóiste sin cíos bliantúil de 20 Sol de mhonaí Tours (an t-airgead a dhéantaí a mhonú in Tours na Fraince) le heaglais Roth mar aitheantas gurbh í eaglais Roth a scaoil an paróiste seo uaithi.

Mar is léir ó dhoiciméad dar dáta Aibreán 1256 (Bertholet: lch. 145; Neyen: lch. 102; Wurth-Paquet 1850: lch. 76), bhí an socrú seo faofa ag Máistir Foulques San Michel, *magister* thithe Ord na dTeamplóirí sa Fhrainc a raibh ceannasacht Roth spleách orthu, agus ag Cunta agus Cuntaois Philippe Vianden.

Roinnt blianta ina dhiaidh sin tharla coimhlint nua idir na Tríonóidigh agus Cunta Vianden, de pháirt amháin, agus na Teamplóirí, den pháirt eile. Chuir an choimhlint sin na Teamplóirí ar buile. Ní amháin go ndearna siad gearán le cúirt na Róimhe, ach d'éirigh leo a thabhairt ar easpag Verdun na Fraince teaghlach iomlán an chunta a choinnealbhá, chomh maith leis an gcontae agus leis an gcanónach Alard. (Neyen 1851: Preuves X; Matagne 1972–4: lch. 540; Arendt 1884: Réamhrá.)

Bhí sé chomh deireanach leis an mbliain 1262 faoin am ar éirigh leis an ardeaspag nua ar Trier, Henri II, na deacrachtaí idir na Tríonóidigh agus na Teamplóirí a réiteach go cinntitheach trí dhá shocrú a glacadh an Aoine roimh Dhomhnach *oculi* 1261 nó an 10 Márta 1262. (Tagairt do Neyen 1851: Preuves X)

Bhí na cúig phointe seo a leanas sa chomhaontú a rinneadh idir Philippe agus a chéile Marie, de pháirt amháin, agus an t-ionadaí Hubert de Perault, ceann-ab Ord na dTeamplóirí sa Fhrainc, den pháirt eile:

1) Rachaidh eaglais Roth, mar aon leis na cearta go léir a ghabhann léi, agus an líomatáiste chomh fada le habhainn an Our go buan chuig na Teamplóirí arb iad a gheobhaidh an deachú mhór agus an deachú bheag, ní amháin ón gcaisleán, ach freisin ar an talamh ar an taobh eile den abhainn chomh fada le Roth;

2) Rachaidh an choill atá idir ospidéal na lobhar agus an gleann a théann chuig bealach Geynen (Obersgegen), mar aon leis an talamh curaíochta a bhaineann leis – arna shonrú le comhaontú roimhe seo – go buan chuig na Teamplóirí chomh maith;

3) Beidh cead ag na Teamplóirí leas a bhaint as linn atá in Vianden mura rud é go dtogróidh siad linn a bheith acu in áit eile; sa chás go gcinnfidh siad ar áit eile, tabharfaidh an Cunta agus an Chuntaois 'lámh chúnta' dóibh trí na cearta uile atá acu ar an áit sin, taobh amuigh de na cearta ceartais, a tharscaoileadh;

4) Údarófar do Chunta agus Cuntaois Vianden eaglais pharóisteach a thógáil laistigh nó lasmuigh dá gcaisleán, dá ndeoin féin, ar an gcoinníoll go n-íocfadh a sagart paróiste cíos bliantúil 60 Sol de mhonaí Tours nó Provins (dhá bhaile ina mbíodh airgead á mhonú) le ceannasacht Roth 'mar aitheantas ar sheanghéilliúlacht

pharóisteach bhaile Vianden'; (Neyen 1851: Preuves X; Wurth-Paquet: lch. 88)

5) Is í abhainn an Our a bheidh mar theorainn idir paróiste Roth agus paróiste Vianden agus ní bheidh sé ceadaithe ag Vianden an teorainn ná na hioncaim a leathnú amach thar an abhainn. (Koenig 1890: lgh. 5–7; Bassing 1923: lch. 106ff; Bertholt 1741–43: Iml. V, lgh. 146–148.)

An lá céanna chuir ardeaspag Trier, Henri, a shéala le comhaontú. De réir an chomhaontaithe sin thréig an Cunta Philippe, in ainm an chanónaigh Alard, ministéir ginearálta Ord na Tríonóide, na cearta uile ar eaglais Roth. Óna dtaobh siúd de, gheall ionadaí an chraobhthí, Humbert de Perault, agus na Teamplóirí a bhí i láthair go gcuirfidís deireadh leis an ionnarbadh a bhí fógartha ar bhaintreach an Chunta Henri, ar an gCunta Philippe agus a chéile Marie agus ar a gcleithiúnaithe, an canónach Alard ina measc. Ar deireadh, gheall na páirtithe go léir go dtabharfaidís, faoin gCincís ar a dhéanaí, gach doiciméad a bhain leis gcoinnealbhá ar lámh d'ardeaspag Trier lena ndó.

Séipéal na dTeamplóirí in Roth

I ndiaidh shocrú 1256, chuir na Teamplóirí an *capella militum* sa stíl ghotach á thógáil ar an mbruach dheis d'abhainn an Our, sa Neustaad, agus beannaíodh an séipéal sin in 1311 in ainm San Nioclás (Koenig 1914: lch. 323) éarlamh na dtuilte. Ba bheag nár scriosadh go hiomlán an séipéal i ndóiteán an 30 Bealtaine 1723 ach tógadh arís é an bhliain dar gcionn. Rinneadh drochdhamáiste arís dó in 1944. Sna 1950idí, rinneadh athchóiriú ar an bhfoirgneamh sin agus tá sé ina shéipéal anois. De réir doiciméid, dar dáta an 6 Bealtaine 1574, ba sa bhliain sin a leagadh amach an reilig atá ag síneadh leis an séipéal. (Koenig 1914: lch. 325)

Talamh na dTeamplóirí

Chomh maith le caisleán Roth, fuair na Teamplóirí seilbh arís ar roinnt mhaith tailte i Lucsamburg, ach de réir aircíví

Láthair na dTeamplóirí mar a léirítear foirgneamh na Ceannasachta agus an séipéal sa chúlra.

Roth, níl deimhniú úinéireachta ag gabháil ach amháin leis an maoin talún in Gilsdorf agus in Vichten.

In aimsir an aba Jean Bertels (1544–1607) bhí fothracha mainistreach i bhfoirm daingin le feiceáil fós in Gilsdorf agus, dar le muintir na háite, ba dhídean do na Teamplóirí a bhí ann go dtí gur cuireadh deireadh leis an ord. (Berthels 1595)

Deir Francois-Julien Vannérus (1779–1850) ina *Répertoir chronologique:* 'Sa bhliain 1776, rinne an rialtas Ostarach [i.e. faoi réimeas Habsburg] athruithe ar ghrinneall abhainn an Sûre suas an sruth ó Gilsdorf chun an ceantar sin a chosaint ó thuilte. Chart siad grinneall nua gan bacadh leis an seancheann a líonadh isteach. Ag íochtar an chnocáin (an 'Bockskapp') ar ar tógadh caisleán na dTeamplóirí in Gildorf, bhí grinneall abhainn an Sûre carta chomh domhain sin ag na Teamplóirí mar chosaint dá gcaisleán go raibh sé ag coinneáil uisce i gcónaí.' (Herr 1960: lch. 433)

Uaigh Teamplóra

In 1790 nó 1792 thángthas ar chónra san áit chéanna sin ina raibh ridire faoina chulaith ghaisce. Chríon an t-aer an fhionnachtain spéisiúil sin, scriosadh an cónra agus chuaigh an chlaíomh agus na spoir ar throigh gan tuairisc. Creideann D.C. München (München 1898–1901: lch. 141) a fuair an t-eolas go léir ón té a d'aimsigh an uaigh seo gurb amhlaidh gur taisí Teamplóra a fuarthas sa tochailt sin.

Thrácht Fr. J. Vannérus (Vannérus: 1850, lch. 22) ar chorp teamplóra a fháil curtha faoin staighre isteach chuig caisleán Vianden nuair a bhí obair á dhéanamh ar an gcaisleán sin idir 1820 agus 1827. Mar sin féin, ach an oiread le fionnachtain Gilsdorf, níl aon eolas cruinn tugtha a thabharfadh le tuiscint gur corp teamplóra a bhí ann.

An pasáiste faoi thalamh

Leathchéad bliain níos deireanaí ní raibh fágtha den áit sin, ar a dtugtar "Heischel", ach carnán fothracha den tseanlonnaíocht. Bhíodh scéalta sa seanchas go raibh pasáiste faoi thalamh ann ón 'Billhaus' in Diekirch ag dul chomh fada leis an bhfeirm in Gilsdorf. Bealach a bhí anseo, a deirtí, le dul faoin gclais a bhí 600 méadar ar domhain. Ach chuir easpag an Basse Moûturie deireadh leis na scéalta sin. Shíl sé féin agus roinnt daoine mór le rá as Diekirch dul síos ann. Scríobh sé: 'In áit clais mhór a fháil, ní bhfuaireamar ach scailp charraigeacha cúpla troigh ar leithead, ag imeacht síos uainn ina sraitheanna agus ní féidir dul thar dosaen méadar isteach ann.' (Basse Moûturie 1884: lgh. 406, 410)

Maoin na dTeamplóirí

Tar éis na bliana 1312, aistríodh maoin uile na dTeamplóirí chuig Ord Naomh Eoin Iarúsailéim, ina measc feirm

Gilsdorf, Muileann 'Heischel' agus na deachúna a bhí ag gabháil leo. (Schröll 1837)

Maidir leis an maoin a bhí in Vichten, bhain sé leis an maoin a bhí in Eschette (ag teacht le Fr. J. Vannérus). Ba in Eschette, atá mórthimpeallaithe ag dúiche Vichten, a dhéanadh na Rómhánaigh a gcuid arm mar gheall ar scoth an mhianra iarainn a bhí le fáil ann.(Vannérus 1850: lch. 15) Ach táthar den tuairim nuair a dhéantaí trácht ar Eschette, go mbítí ag trácht ar chaisleán Shorelserschlass. Is é an tuairim chéanna sin atá ag Engling. (Engling 1876: lch. 73) Tá fothracha an chaisleáin sin suite ar an "Schurelserknupp".

Sula ndéanfar trácht ar an maoin a bhain le Ceannasacht Roth, ach gan aon doiciméid tacaíochta ann lena aghaidh, níor mhiste a rá go ndearnadh socrú in 1244 idir Henri le Blondel, mac na Cuntaoise Ermesinde, agus an Bráthair Pescaro de Vichier, ceannasaí Theach Ridirí na dTeamplóirí sa Fhrainc, i dtaobh na coille coimín idir Piereul agus Marenges, réigiún atá i Roinn Meurthe et Moselle na Fraince inniu. (Wurth-Paquet: Iml. XIV, lch. 108). Luann an tréadaí Jacoby ina leith seo freisin coill Maringen (Marenges), na tailte atá suite in Cattenom (Kettenhofen) agus ag Richemont (Reichersberg) (Moselle). Bhí ceannasacht de na Teamplóirí in Somme-le-Temple (Somme-Leuze) an-ghar do cheantar aonaigh Durbuy, 'láthair margaidh agus ionad aonaigh' (Nissane 1968: lch. 94). Níl ansin ach lena léiriú go bhféadfadh talamh i dtír Lucsamburg a bheith ag tithe eile de na Teamplóirí.

Is é is dóichí go raibh feirm agus díseart, séipéal agus reilig ar leith lonnaithe in Hautcharage i seilbh Cheannasacht

Roth; tháinig dóibh sin ina dhiaidh sin a bheith ina maoin ag Ord Naomh Eoin agus meastar go ndearnadh an leagáid sin roimh 1281. (Weyer 1938: lch. 422)

Breathnaímis anois ar a raibh ag an Teach Teamplóirí i mbaile Diekirch. Déantar trácht sa mhionsaothar a chuir Jos. Ant. Schroll amach in 1837 (Schroll 1837) ar dhá ghabhháltas Teamplóirí. Ar an gcéad sul síos, luaitear na Kreuzherrn nó na Crosáidirí a raibh caibidil bheag canónach acu in Diekirch. Ansin maíonn an t-údar go raibh teach daingean ag na Teamplóirí i mbaile Diekirch, teach a raibh túr ag gabháil leis a bhí suite in aice leis an seaneaglais agus a dtugtaí an *Königshaus* nó Áras an Rí air. (Cé go bhféadfadh dul amú a bheith air sa mhéid sin. Is in Áras an Rí, mar ab amhlaigh le hÁras an Rí i Lucsamburg, a bhíodh na deachúna agus na sochair eile a bhí dlite do Dhiúc Lucsamburg (Rí na Spáinne) le híoc ag cónaitheoirí Diekirch.)

Dar le Olinger (Olinger 1941: lgh. 191–2), cé nach luann sé a chuid foinsí, is é an Billhaus a thugtaí ar an teach sin agus bhí sé suite ar mhargadh an ime, an áit a bhfuil Teach na Cúirte faoi láthair. Bhíodh an teach sin ag fónamh mar thearmann d'fheirm Gilsdorf agus bhí spás a dhóthain ann, ní amháin do na cónaitheoirí ach freisin don fhómhar, do na deachúna agus don teacht isteach.

Deir Christian Beck (Beck 1916: lch. 154), cé gur dealraitheach é a bheith beagán róchinnte de, go bhfuil sé cruthaithe go stairiúil go raibh áras Teamplóirí in Moersdorf. De réir ceann dá chuid foinsí – alt a foilsíodh sa Wort in 1852 a scríobh Fr. Stronck a bhí ina shéiplíneach in Moersdorf ó 1844 go

1847 – ba leis na Teamplóirí an tseaneaglais (a bhí fós ina sheasamh in 1853 cé is moite den túr). Tógadh an eaglais sin ar bhunáit Rómhánach, cóiríodh an taobh istigh, bhí pictiúir os cionn an tsacraistí fós le feiceáil sna 1840idí agus de réir an tseanchais ba léiriú ar na Teamplóirí a bhí iontu. Mheas Beck go bhféadfadh sé gur tharla ceann de dhá rud: Chuir na Teamplóirí fúthu in Moersdorf áit a raibh eaglais cheana féin, sin nó is iad na Teamplóirí féin a thóg an eaglais sa 12ú nó 13ú haois ach ar cuireadh foirgneamh eile ina háit in 1853. Sa chás sin, d'fhéadfadh sé go léiríonn an chloch atá curtha sa bhalla theas agus ar a bhfuil an bhliain 551 an bhliain ar tógadh an chéad eaglais, ach ní gá gurb amhlaidh an cás. (Measann Jean Pierre Koltz, áfach, gurb í an bhliain 1551, atá ansin ach go bhfuil bliain an mhíle scriosta, óir nach raibh na huimhreacha arabacha in úsáid go dtí thart ar dheireadh an 15ú haois.)

Foinse eile ag Beck is ea Peter Clomes. Deir seisean (Clomes 1839/40), arís gan aon chruthúnas tacaíochta a lua, gur bhain an tseaneaglais in Moersdorf leis na Teamplóirí a raibh cónaí orthu ann.

Luann Clomes freisin an traidisiún áitiúil a deir gurb iad na Teamplóirí a chur na húlla cáiliúla Rambour – úlla a scaip cáil Moersdorf agus ar a dtugtar *Klo'schteraeppel* nó 'úlla na mainistreach'.

Tá seanchas eile ann a áitíonn go raibh caisleán ag na Teamplóirí ar Mont St-Firmin in aice le Kaundorf (Huberty 1884: Iml. 37, lch. 753). Léirigh Dom. B. J. Thiel (Thiel 1954: lch. 137) nach bhfuil aon bhunús leis na luaidreáin sin, óir gur chruthaigh sé gur géilleadh an talamh ina raibh an séipéal agus an díseart do mhainistir Münster an 15 Lúnasa 1159 agus nach ndearnadh aon trácht sa ghníomhas ar mhaoin Teamplóra.

I nóta de chuid an nótaire Welter dar dáta 1693 déantar trácht ar mhóinéir ar Steinrausch mór in Bettendorf ina bhfuarthas fothracha theach Teamplóirí, murab amhlaidh gurb iad sin fothracha na seanáite in Heischlingen nach bhfuil a fhios cá bhfuil siad. (Schon: lch. 291)

Maidir leis an *Pirmesknapp* in Diekirch agus leis an Nuck in Ettelbruck (áit a ndeirtí gur caisleán Teamplóirí a bhí sna fothracha) chuathas chomh fada agus gur meascadh suas na Teamplóirí leis na lucharacháin. (Jacoby 1931: lch. 234)

Mhaígh Rupprecht (Rupprecht 1925: lgh. 64–65) agus Paul Medinger (Medinger: 1934, lch. 39) gur tógadh Teach Beffort-Bandermann, atá ar an gcoirnéal idir Rue Mamer agus Marché aux Herbes, ar dhúshraith thearmann daingean Ridirí Naomh Eoin as Roth. Fós inniu, tá na hoscailtí le feiceáil sna híoslaigh, oscailtí atá dírithe i dtreo na claise a bhíodh mórthimpeall an tí a bhí mar chaisleán beag laistigh den dara múr den bhaile in 1050. (Cé nach n-aontaíonn Jean-Pierre Koltz leis an hipitéis seo.)

Má fhéadann scrúdú ar na ballaí ag saineolaithe a chruthú gurbh ann don dúshraith roimh 1312, is céim bheag a bheidh ann lena mhaíomh go bhféadfadh sé gur ag na Teamplóirí a bhí an tearmann, ach tá sé fós róluath lena rá go cinnte mar a rinne D.J Harpes (Harpes: 1959, lch. 65) agus Fr Lascombes (Lascombes: 1968, lch. 128), go háirithe ó tugadh an teach ar lámh in 1312 d'Ord Naomh Eoin agus ina dhiaidh don Ord Teotónach, mar a mhaígh Lascombes.

Láithreacha a luaitear leis na Teamplóirí sa traidisiún pobail

Ar ndóigh mar a bheifí ag súil leis, tá trácht i seanchas na tíre ar áiteanna inar chuir na Teamplóirí a gcuid seod i bhfolach nó ar áiteanna a bhfuil míghníomhartha na dteamplóirí luaite leo. Luaitear deich dtrácht as saothar Gredt (Gredt: lch. 249–903), idir chlochair, chaisleáin, thuamaí agus uachaisí. Luaitear seacht gcinn d'fhothracha nó de thithe folaigh a bhí ag na Teamplóirí as saothar Bohrmann (Bohrmann 1842: lch. 85). Déantar trácht freisin ar chlochar agus díseart atá luaithe i saothair eile (Basse Mouturie: lch. 190; Hess 1958: lch. 100).

Maítear i saothair áirithe (Munchen: lch. 144; Bohrmann: Iml. II, lgh. 85, 145; Brimeyer 1921; Reiners 1903: lch. 57; Van Wervecke: Kulturgeschichte; Hess (le linn agallaimh)) gur cheap na daoine gur caisleáin agus tithe Teamplóirí a bhí sna seanfhothracha Rómhánacha. B'amhlaidh an scéal, mar shampla, i gcás fothracha an *Tempelhof* in Boeschelt in aice le Clervaux nó gur tháinig fianaise dosháraithe chun solais i lár an 19ú haois. Tá an rud céanna le rá faoin *Templerschlass* idir Weiswampach agus Bellain ar dócha gur fothracha de theach mór Cairilsíneach atá ann.

Ach má bhí an claonadh ann fothracha a lua go coitianta leis na Teamplóirí, tháinig athrú ar an scéal nuair a leomh an tréadaí A. Jacoby malairt tuairime a thabhairt. Bhí spéis mhór ag Jacoby sa dinnseanchas agus sa bhéaloideas agus thuig sé go bhféadfaí na rianta deireanacha d'imeachtaí stairiúla a bheith caomhnaithe ar feadh na gcéadta bliain sna háiteanna sin. Ní raibh seisean ag iarraidh a rá gur cheapadóireacht a bhí in ainmneacha mar *Tempelhaus* in Mompach, *Tempelhof* in Hautcharage agus *Tempelklouschter* in Mertert; ghlacfadh sé go bhféadfadh gráinne den fhírinne a bheith sna scéalta seo a bhí á gcur chun cinn go seasta agus leis an oiread sin cúraim, ach tacaíocht a bheith ar fáil dó sin sa tseandálaíocht agus i dtaighde ina dhiaidh sin.

B'amhlaidh an scéal ag saineolaí eile sa dinnseanchas, J. Vannérus, agus é ag trácht ar an seanchas a bhain le caisleán Kahler. Dar leisean, ní raibh aon fhírinne sa traidisiún pobail a deir gur ag na Teamplóirí a bhí go leor de sheanchaisleáin na tíre, agus ní fhéadfaí a mhaíomh go raibh aon bhunús fírinne le finscéal chaisleán Kahler faoi nach bhféadfar a mhaíomh le haon fhinscéal eile (Vannérus 1905: lch. 159). Bhí Hess go mór in amhras freisin faoi bharántúlacht na *Tembelburgen* nó Caisleáin na dTeamplóirí, agus dúirt: 'Déantar finscéal de réir a chéile den stair' (Hess 1960: Iml. VII, lch. 43).

Luaigh Jacoby sé fhothrach a mheas sé a d'fhéadfaí a chur leis an liosta a bhféadfadh gráinne den fhírinne a bheith iontu. Ceann díobh sin an *Tempelschloss* idir Thommen agus Oudler, ceantar atá sa Bheilg anois.

Tá fothracha Poschend idir Fouhren agus Walsdorf, a luann an traidisiún pobail le Ceannasacht Roth agus a ndeirtear ina thaobh gur caisleán a bhí ann a raibh uaimh thalún nasctha leis. Tuigtear anois gur fothracha iad de Blockhaus a chuir Antoine de Bourgogne á thógáil in 1409 tráth ar ionsaigh sé caisleán Brandenbourg. (Koenig: lch. 416)

Deachúna dlite don Cheannasacht

I measc na ndeachún a bhí dlite do cheannasacht Roth, luaitear deachúna Koerperich a bhí roinnte le Echternach (Koenig: lgh. 5–7). Bunaithe ar ábhar a fuarthas sna fothracha is féidir talamh slán a dhéanamh de gur lonnaíocht Fhranc-Rómhánach a bhí ann. Ach ní hin le rá nach bhféadfadh sé go raibh foirgnimh eile ann ina dhiaidh sin ach nach bhfuil a rian ann anois mar gur úsáid daoine na clocha le tithe a thógáil sa cheantar.

(Tugann an t-údar 'nod' anseo do lucht taighde go mbíodh plúr saraistíneach in úsáid i soimint na Meánaoise, a bhfuil de thréith leis an soimint sin go bhfuil gráinní móra ann. D'fhéadfadh sé mar sin go mbítí ag caint ar 'fhoirgnimh sharaistíneacha' agus gur measadh gurbh ionann é sin agus foirgnimh na dTeamplóirí.)

Is deacair líon cinnte a lua leis an líon daoine a bhí in Roth in aimsir na dTeamplóirí, óir nach ndearnadh an chéad áireamh líon tí sa réigiún seo go dtí 1501 chun cabhair airgid a bhailiú. B'in beagnach 200 bliain tar éis imeacht Ridirí an Teampaill.

Is cuid suntais é, ina dhiaidh sin féin, gur in Roth féin a bhí beagnach leath na saortheaghlach de chontae uile Vianden in 1501: 13 shaortheaghlach le hais 17 don chontae agus 8 seirftheaghlach le hais 161 (Grob & Vannérus 1921: lch. 138).

(Measann Jean-Pierre Koltz nach bhfuil aon iontas le déanamh de sin, go gciallaíonn 13 shaortheaghlach go raibh 13 ridire nó duine uasal ann a raibh baint acu leis an gceannasacht.)

Na Teamplóirí fanta amach as deacrachtaí polaitiúla

Dealraíonn sé gur choinnigh Teamplóirí Cheannasacht Roth amach as na deacrachtaí go léir a bhí i Lucsamburg ag an am. Ar a laghad níl aon trácht orthu sna doiciméid, níl siad luaite sna doiciméid a bhaineann leis na trioblóidí idir Cunta

Foirgneamh na Ceannasachta.

Lucsamburg agus Diúc Brabant (cath Woeringen 1288) ná sna doiciméid a bhaineann leis na cogaí idir áititheoirí Trier agus áititheoirí Lucsamburg (1301).

Saibhreas Theamplóirí Roth

Fiú amháin mura bhfuiltear in ann tuairisc chruinn a thabhairt ar mhaoin na dTeamplóirí in Roth, is fíor a rá gur éirigh siad saibhir ar nós na gceannasachtaí eile. Níor leor leo, fearacht a gcomhbhráithre, a bheith ina gcosantóirí na carabháin trádalaithe a bhíodh ag taisteal na mbealaí tráchtála san Eoraip. Rinne siad aistir go dtí an Mhion-Áise agus thug siad saibhreas ar ais leo, d'fhaighidís bronntanais ó thrádálaithe agus bhíodar in ann 'toradh a fháil' ar a gcuid cistí agus ról baincéirí a bhaint amach.

Mhéadaigh a rachmas go mór de réir a chéile, agus ba ghearr go raibh monaplacht acu ar thailte na ríthe agus na n-uaisle, ach bhí ceannas acu chomh maith céanna ar mhaoin na heaglaise (is é sin ar na deachúna).

Cáineadh an Oird

Sa bhliain 1208, cháin an pápa Innocent III (1198–1216) Ord an Teampaill agus in 1244 rinne an t-impire Frédéric II (1220–1250) an rud céanna. De réir mar a mhéadaigh an saibhreas, an compord agus an dea-shaol i gcaisleáin na dTeamplóirí, is dá réir a laghdaigh an mhoráltacht. Ach bhí an rud céanna fíor faoi oird nó mainistreacha eile. Mar shampla, chuir an pápa Gréagóir IX (a rugadh in Anagni in 1145 agus a bhí ina phápa ó 1227 go dtí 1241) mí-iompar i leith Ord Míleata Naomh Eoin Iarúsailéim in 1238.

Deireadh an Oird sa Fhrainc

Ach níor leor cáineadh an phápa agus an impire chun deireadh a chur leis an Ord trí chéile. Is amhlaidh go raibh deacrachtaí airgid ag duine de phríomhfhéichiúnaithe na dteamplóirí, Rí na Fraince Phillippe IV le Bel (rugadh é in 1268, bhí sé ina rí ó 1285 go dtí 1314). Go deimhin d'éirigh rudaí chomh dona go raibh círéibeacha i bPáras sa bhliain 1306, agus b'éigean don rí dídean a lorg i dTeampall Pháras, ceannáras na dTeamplóirí sa Fhrainc. Gné lárnach den ghéarchéim airgeadais seo ab ea an t-aighneas a bhí idir Philippe agus an pápa Boniface VIII (1294–1303). Bhí rí na Fraince ag iarraidh cáin a ghearradh ar mhaoin na heaglaise agus ní raibh aon ghlacadh ag an bpápa leis sin.

Ach bhí Philippe le Bel líofa ar an gcáin seo a bhailiú agus chun na críche sin cheap sé ceann de na scéimeanna ba ghránna sa stair in aghaidh na dTeamplóirí. Mhaígh sé go raibh prionsabail Mhainíseacha agus Ailbiginseacha den 'asarlaíocht Chriméach' ceilte i ndeasghnátha inghabhála na dTeamplóirí agus go bunúsach nach raibh aon mhoráltacht fanta san ord. Is cosúil ar dtús báire nach ndeachaigh na líomhaintí sin i gcion ar an bPápa Cléimeans V (1305–1314), ach nuair ab éigean dó cur faoi in Avignon ó 1309 ar aghaidh agus é faoi thionchar rí na Fraince, ghéill an pápa don rí i dtaca le fiosrúcháin a thionscnamh. Ní raibh Philippe le Bel róchinnte cén toradh a bheadh ar an bhfiosrú agus rinne sé féin an chéad bheart. An 13 Deireadh Fómhair 1307 d'ordaigh sé go ndéanfaí na Teamplóirí a raibh cónaí orthu sa Fhrainc a ghabháil agus a maoin a urghabháil. Ba é Jacques de Molay a bhí ina Mhór-Mháistir ar an ord ag an am.

Ní thabharfar cuntas anseo ar na himeachtaí cúirte a tugadh in aghaidh na dTeamplóirí ach luafar go bhfuil trácht ag Jean Milmeister san fhorlíonadh leis an nuachtán Luxemburger Wort (*Die Warte-Prospectives* 16 Márta 1972) ar rialacha oifigiúla an Oird a d'aimsigh Frédéric Munster, easpag Chóbanhávan, in Aircív na Vatacáine sa bhliain 1780. Ba é Mathieu de Tramley a chóipeáil na rialacha sin sa bhliain 1205 agus tá siad sin caomhnaithe anois i leabharlann Corsini sa Róimh.

Déarfar áfach gur bhuille trom do Philippe le Bel é gur dhíscaoil Cléimeans V Ord na dTeamplóirí gan iad a fháil ciontach ná iad a ionchúiseamh. Rinne sé amhlaidh de dhroim chinneadh Chomhairle ghinearálta Vín in Dauphiné an 22 Márta 1312 agus leis an mbulla *Ad providam* an 2 Bealtaine ina dhiaidh sin. Is éard a chuir rí na Fraince le báiní ar fad, áfach, go raibh maoin na dTeamplóirí le haistriú chuig Ord Ridirí Spidiléirí Naomh Eoin Iarúsailéim, ar ar tugadh freisin Ord Ródas (1310) agus níos deireanaí Ord Mhálta (1530), ar an gcúis go raibh na cuspóirí a bhí ag an ord sin cosúil le cuspóirí na dTeamplóirí.

Más go drogallach a ghéill an pápa d'éilimh Philippe le Bel go dtí sin, d'athraigh a mheon nuair a d'admhaigh Jacques de Molay agus triúr ridirí mór le rá eile den Ord, faoi thionchar na céastóireachta mar atá a fhios againn, gach a raibh curtha i leith an Oird. Fós féin, ní dhearna an pápa ach príosún saoil seachas bású a ghearradh ar an gcúigear Teamplóirí.

Bhí an dara rud le tarraingt siar a bhaint as an rí; an 11 Márta 1314 tugadh an Mór-Mháistir Jacques de Molay os comhair Ard-Eaglais Notre Dame chun a admháil a dhéanamh *coram populo*, ach tharraing sé siar ar admhaíodh ina ainm féin agus in ainm a mhórchigire Godefroid de Charny. Chuir sé sin an oiread sin feirge ar Philippe le Bel gur ordaigh sé iad a loscadh ina mbeatha. Deirtear sular bhásaigh Jacques de Molay gur scread sé amach agus gur thoghairm sé an rí agus an pápa os comhair chúirt Dé agus go láithreoidís os comhair na cúirte sin in achar an-ghearr.

Is fíor gur bhásaigh Cléimeans V an 20 Aibreán 1314 agus Philippe an 29 Samhain an bhliain chéanna.

Dála na dTeamplóirí i dtíortha eile

Sna blianta 1307 go 1312, nuair a cuireadh deireadh go brúidiúil le Ridirí an Teampaill sa Fhrainc, ní hí gach tír a bhí sásta mórán aird a thabhairt ar Philippe le Bel. Fós féin, níor chuir sé sin cosc ar ríthe éagsúla leanúint d'fhiosrúcháin a dhéanamh. Bhí Diúc Brabant, Jean II an Síochánaí (1294–1312) (Buchet 1967: lch. 54), ina measc siúd a scrios na

Teamplóirí. Is beag a cuireadh isteach ar an Ord, má cuireadh isteach puinn orthu, i Sasana, sa Chaistíl, sa Phortaingéil, san Iodáil agus sa Ghearmáin. Ach ó fógraíodh an díscaoileadh, ní thabharfadh aon duine de na ríthe sin cosaint níos mó do chomhaltaí an Oird a raibh scaipeadh agus fán anois orthu. (Koenig: lch. 327)

Ós rud é nach bhfuil aon fhianaise scríofa ann ar ghabháil agus ar ghéarleanúint ar na Teamplóirí i Lucsamburg nó sna tíortha comharsanacha – Lorraine na Fraince, trí dheoise agus ard-deoise Trier mar a raibh lear mór maoine acu – caithfear glacadh leis gur beag de a tharla (Calmet: lch. 283; Bertholet: Iml. V, lch. 145 luaite ag Wurth-Paquet: Iml. XVIII, lch. 19). Ach d'fhéadfadh sé freisin go raibh siad in ann brath ar dhaoine a bhí báúil leo agus a thug lámh chúnta dóibh, nó ar a laghad go ndearna siad amhlaidh go dtí gur cuireadh deireadh leis an Ord in 1312.

I measc na ndaoine a bhí báúil do na Teamplóirí, bhí seanteagascóir an Chunta Jean 'an Dall' ar Lucsambourg, arbh é anois seanascal agus marascal an Chunta é, eadhon Gilles de Rodemacker. Is é a bhí ina thiarna ar thalamh Roth, Chassepierre agus Hesperange. Is i gcaisleán Hesperange a thug Gilles tearmann do cheannasaí Theamplóirí Champagne agus Ligny agus do na ridirí ar éirigh leo teitheadh ina theannta.

Tá scéilín rómánsúil ag Tockert (Tokert 1945: lgh. 113–117) in *Volkerweg* faoin gcruinniú a bhí sa mhainistir faoi Nollaig 1308. Bhí an tOrd díscaoilte ag an bPápa faoin dáta sin. Bhí Cunta Henri VII (1288–1310) ar Lucsamburg díreach tofa mar Rí na hImpireachta Rómhánaí, agus is spéisiúil an chaoi ar léirmhínigh sé orduithe an Phápa a bhí le cur i bhfeidhm i dtailte na hImpireachta: ghlac sé le díscaoileadh an Oird agus le haistriú na maoine go dtí Ord Naomh Eoin Iarúsailéim, ach gheall sé do na Teamplóirí nach raibh aon chall imní dóibh dá bpearsa.

Is cuid iontais é gurbh é sin an dearcadh a bheadh ag tiarna a chaith a óige i gcúirt rí na Fraince, agus a bhí dílis agus urramach do na comhaontuithe a rinne seisean agus a dheartháir Beaudoin in 1305 leis an rí in Lyon (Wurth-Paquet: Iml. XVIII, lch. 19). Ar an lámh eile, bhain na comhaontuithe sin le comhghuaillíocht i gcás go mbeadh sé ina chogadh le Sasana agus ní fhéadfar a dhearmad go raibh an caidreamh le Philippe le Bel fuaraithe. Go deimhin, is amhlaidh a 'd'ullmhaigh' na hardeaspaig Pierre d'Aspelt agus Beaudoin Lucsambourg a gcomhthoghthóirí lena chinntiú (Samhain 1308 in Rense sur Rhin agus arís in Frankfurt), go ndéanfaí iarrthóir Philippe le Bel ar chathaoir ríoga na hImpireachta Rómhánaí, a dheartháir Charles de Valois, a chur as an áireamh agus is ar an gcaoi sin a toghadh Henri VII as Lucsamburg don Impireacht.

Bhí rud eile ann nár thug Philippe le Bel agus Henri VII aon phioc níos gaire dá chéile. Fógraíodh Henri VII ina impire in Aix-la-Chapelle an 16 Eanáir 1309. Gheall Philippe dó nuair a chasfadh sé leis an bpápa Cléimeans V in Haguenau in 1310 go ndéanfadh sé idirghabháil thar a cheann chun go mbeadh an corónú ann sa Róimh. Mar a tharla sé faoi dheireadh, níorbh é an pápa a rinne an corónú ach an t-easpag Sabine in eaglais Latran na Róimhe an 29 Meitheamh 1312.

Dearcadh na nUaisle ar Ord an Teampaill

Scrúdaímis anois an dearcadh a bhí ag fir mhóra eile Lucsamburg de thráth na huaire ar Ord na dTeamplóirí.

Is deacair cuntas a thabhairt ar an gcaidreamh a bhí ag Beaudoin Lucsamburg (1285–1353) leis na Teamplóirí. Rinne Beaudoin a chuid staidéir i bPáras agus rinne Cléimeans V – d'uireasa aon chur isteach ó Philippe le Bel – é a oirniú ina ardeaspag ar Trier an 11 Márta 1308 ag searmanas in Poitiers.

Tá a fhios againn gur bhunaigh Cúirt na Róimhe coiste fiosrúcháin chun fiosrú a dhéanamh ar an gcáineadh a rinneadh ar na Teamplóirí agus go raibh an coiste sin ag feidhmiú sa deoise ón 9 Lúnasa 1308. Trí lá ina dhiaidh sin, d'éiligh an pápa ar na Teamplóirí a gcuid airgid ar fad agus a gcuid maoine uile a scaoileadh uathu agus an uile a chur ar fáil don chogadh in aghaidh na n-ainchreidmheach. (Lascombes: lch. 128)

Tá na fíricí seo againn a bhaineann le Pierre d'Aspelt (1253–1320) a bhí ina easpag ar Bâle go dtí 1296 agus ar ainmnigh Cléimeans V ina ardeaspag ar Mayence é an 13 Samhain 1306. De réir nóta lámhscríofa de chuid an Dr Théo Witry (Páipéir de chuid an údair): d'ordaigh Pierre d'Aspelt, a raibh eolas aige ar na buíonta annamha Catáracha a bhí i ndeoise Trier, go ndéanfaí fiosrúchán freisin ar thithe na dTeamplóirí ar a fhearainn féin. Ba é tátal an fhiosrúcháin nár nochtadh 'draíocht, asarlaíocht ná cultas Shátan'. Níor chuir Pierre isteach ar Ridirí an Teampaill ach an oiread, ar a laghad ar bith nó go ndearnadh an tOrd a dhíscaoileadh.

Nuair a tháinig coiste d'easpaig proibhinse go Mayence chun na bullaí ón bPápa a fhorghníomhú in 1314, is é sin dhá bhliain tar éis chinneadh Vín, chonacthas ag teacht *ex abrupto* 'Teamplóir darbh ainm Hugues, de chine Hirusti du Rhin, agus é i gceannas ar scór dá chuid chomhghleacaithe a bhí dea-armtha. Chosain sé a neamhchiontacht go láidir agus d'impigh sé go dtabharfadh an Pápa a bhreithiúnas, ghlac an t-ardeaspag lena impí agus gheall sé labhairt leis an bpápa ar a shon. Rinne sé an méid sin. Agus nuair a fuair sé an t-údarú óna naofacht fiosrú a dhéanamh faoina saol agus faoina moráltacht, ghlac sé lena neamhchiontacht agus d'fhógair sé scaoileadh leo…' (Wurth-Paquet: Iml. XVIII, lch. 20)

Fiú amháin más é an toradh céanna a bhí ar an dá eachtra sin díreach luaite, fós féin ní raibh an léirscrios barbartha céanna ar na Teamplóirí ar siúl in ard-deoise Mayence. Léirscrios go deimhin nár chuidigh ar bhealach ar bith le clú Philippe le Bel.

Deirtear faoi aonmhac Henri VIII, Jean an Dall, a fuair Contae Lucsamburg le hoidhreacht in 1310 agus a ndearnadh rí na Boihéime de an bhliain ar phós sé comharba na críche sin (ní raibh Jean ach 14 bliana d'aois), gur chosain sé na Teamplóirí. Ach níor aimsíodh aon chruthúnas ina thaobh sin. Is é a bhfuil againn ná gur thug Jean an Dall pribhléidí do Bhráithre Spidiléirí Naomh Eoin Iarúsailéim, i ngníomh a rinneadh i bPrág an 25 Eanáir 1319 agus a bhféadfadh sé gur bhain sé sin le hoidhreacht na dTeamplóirí. (Wurth-Paquet: Iml. XVIII lgh. 64).

Is maith a d'fhéadfadh sé go raibh comhaltaí áirithe den Ord díscaoilte ann nár chloígh le forordaithe na Róimhe agus gur imigh siad rompu ina ridirí fáin, go deimhin ina ridirí creiche, agus gur úsáid siad seanchaisleáin an Oird mar chosaint dóibh féin. Is inchreidte, in imeacht na gcéadta bliain, go bhfacthas don líon mór seirfeach a bhí ag fulaingt ó thrométilimh agus cánacha nach raibh dada eile sa líon mór tiarnaí a raibh an ghráin orthu mar gheall ar a n-ainghníomhartha ach Teamplóirí. Tá sé chomh hinchreidte céanna go ndeachaigh scrios brúidiúil an Oird sa Fhrainc, agus a chur faoi chos ag an Eaglais, i bhfeidhm go mór ar an Iarthar ar fad, chomh fada ó bhaile le teorainneacha na Boihéime agus na hOstaire.

Is sa chuid seo go léir den Eoraip freisin a thagaimid ar na finscéalta faoi Ord an Teampaill, *ce pelé, ce galeux, d'où venait tout leur mal* – an beithíoch scrathach seo, as ar tháinig a ndonas go léir. [Seo líne as fabhalscéalta Jean de la Fontaine.]

Na Teamplóirí sa Seanchas

Scríobh Gredt leabhar breá ar sheanchas Lucsamburg, an *Sagenschatz*, agus sna scéalta ar fad faoi na Teamplóirí atá sa leabhar sin, níl oiread agus ceann acu nach gcuireann síos ar na Teamplóirí mar thaibhsí olca nó ábhailleacha a chaith saol sona fadó ar chostas na n-áitritheoirí bochta.

Tháinig ann don mheon i measc an phobail a bhí coinnithe síos nach raibh sna Teamplóirí ach neacha olca a dúirt a gcuid paidreacha ar maidin agus a bhíodh ag robáil san iarnóin

– chun go gcuirfidís daoine amú is amhlaidh a bhíodh na crúite curtha droim ar ais ar na capaill – agus ansin a chaith an oíche ar an drabhlás agus fiú, ó náire na náire, i mbun homaighnéasachais.

Cuirimis leis na pointí sin an fonn a bhíonn ann ceap milleáin a aimsiú. Cuireann Hess ar an gcaoi seo é: 'Is é nádúr an duine é, nuair a theipeann air féin go mbíonn sé ag faire amach do cheap milleáin chun go bhféadfaidh sé gach uile ní, go deimhin gach neamhghníomh agus cion, a leagan air, agus gur ar an duine eile sin amháin atá an milleán ar fad ag dul. In aimsir an díothaithe, ní fhéadfaí moráltacht pioc níos fearr a lua leis na ridirí agus leis na tiarnaí a bhí ar comhchéim le ridirí ná mar a d'fhéadfaí a lua leis na Teamplóirí. Rinneadh an damnú ar fad ar an dream sin ar chuir an Pápa agus an Rí cuspóirí díghlana ina leith agus a mhaígh gurbh fhinnéithe an oilc iad.' (Hess 1968: lch. 11)

Ridirí Ord Naomh Eoin

Nuair a aistríodh Ceannasacht Roth chuig Ridirí Naomh Eoin in Trier, choinnigh na Ridirí sin an mhaoin go dtí gur chuir Céad-Phoblacht na Fraince (1792–1804) deireadh leis na cumainn reiligiúnacha.

Taobh amuigh den chomhad ar Ridirí Ord Naomh Eoin atá in Aircívi an Stáit, níl rian ar bith le fáil orthu in *Régestes* Wurth-Paquet, agus i saothar Wampach níl aon trácht orthu go dtí an bhliain 1472.

Ar éirigh leis na Teamplóirí cuid dá bhfearainn a thiontú go hairgead tirim sular imigh siad as Lucsamburg? Nó go deimhin ar dhíol a 'gcomharbaí', ridirí Naomh Eoin, a gcuid sealúchais a bhí scaipthe ar fud na tíre? Tá tuairisc ar fáil maidir leis an gcáin a gearradh ar an gcléir rialta in 1472 agus mar ab éigean do dhiúc Bourgogne idirghabháil a dhéanamh lena híoc. Ní raibh ach 4 Livre le híoc ar 'tiarnaí Roth, tiarnaí Mhálta'. Seo a leanas a raibh le híoc ag abaí agus mainistreacha eile: San Maximin – 80 Livre; Echternach – 50 Livre; Munster – 25 Livre; Saint Humert – 16 Livre; Marienthal – 20 Livre; Clairfontaine – 5 Livre; Bonnevoie – 5 Livre agus Tríonóidigh Vianden – 12 Livre. (Grob & Vannérus: lch. 634)

Tá cuntas de chuid an chórais ceartais in Roth dar dáta an 21 Aibreán 1773, agus atá caomhnaithe in aircíví chaisleán Roth (Koenig 1914: lch. 423ff), ar fáil ina ndéantar trácht ar an maoin agus na cearta a bhí i seilbh ridirí Naomh Eoin: Mar shampla seo a leanas a raibh i gceist leis an gceantar a bhí i neaschomharsanacht na Ceannasachta:

2 ½ acra de ghairdíní,

1 fhíonghort beag,

8 n-acra de thalamh curaíochta,

6 acra de thalamh gharbh,

7 n-acra de mhóinéir agus d'úllghoirt,

24 acra de choill;

Tugtar cuntas ann freisin ar an maoin agus ar na cearta a bhí in Obersgegen, Koerperich, Gaichlingen agus Wahl. Is éard a bhí i maoin Gilsdorf ná fothracha seanfheirme agus muilinn,

1 ghairdín de ¾ acra, 50 acra de thalamh curaíochta agus féarach agus 11 mhóinéar.

Chomh maith le Vianden agus Roth, bhí deachúna dlite orthu seo a leanas: Obersgegen, Niedersgegen, Scheuerhof, Bauler, Bivels, Vianden, Roth, Vichten, Derenbach (gar do Bastogne), Eschweiler (Rédange), an 11ú pitséar fíona saothraithe ag Cunta Vianden, mar aon leis an an 10ú agus an 16ú pitséar fíona saothraithe ag na Tríonóidigh.

Chomh maith leis sin, bhí lear mór daoine aonair ann a bhí scaipthe ar fud na coda thuaidh den tír a raibh cíosanna agus cearta dlite orthu ag an gCeannasacht, agus is mórán ar an gcaoi chéanna a chaithidís-sean na cíosanna agus cearta a íoc.

Ach bhí *onera* dlite ar an gCeannasacht féin, agus ina measc sin bhí ceann nach bhfuil a leithéid le fáil in áit eile: gach bliain, bhí ceart ag baitsiléirí Vianden ar 16 lítear fíona agus liamhás amháin.

Díol na maoine faoi ordú Stáit

Rinneadh maoin an Stáit de Cheannasacht Roth faoi Chéad-Phoblacht na Fraince, díoladh an mhaoin sin ar cheant poiblí an *11 Nivose le V* – is é sin an 11ú lá de mhí an gheimhridh den chúigiú bliain den Phoblacht, i.e. an 31 Nollaig 1797. Ba é an nótaire Jules Louis André as Vianden, a bhí ina bháille don Cheannasacht ó 1775 go 1794, a fuair é ar shuim 206,000 Livre, ar íocadh an trian de in airgead tirim ('comhdhlúite go hiomlán') agus go raibh socrú le déanamh fós faoin dá thrian eile (Neyen 1851: lch. 458). In imeacht na mblianta dhíol teaghlach André lear mór de na tailte ionas nach raibh coinnithe acu faoi dheireadh ach cuid de, in éineacht leis an gcaisleán. Is chuig pobal Roth a chuaigh an bhaisleac agus an reilig.

Na tailte tar éis an Dara Cogadh Domhanda

Rinneadh damáiste mór don chaisleán i rith an Dara Cogadh Domhanda, ach thóg an t-úinéir nua – Ollannach, M.N.J. Eggers – arís é agus rinne sé óstán troscánaithe le féinseirbhís de. (Freiden 1966)

D'fhan an ceantar timpeall ar Roth ina pharóiste go dtí go ndearnadh an Choncordáid. Sa bhliain 1801 rinneadh cuid de pharóiste Vianden de agus, tar éis na teorainneacha nua a leagan amach, chuaigh sé isteach le Paróiste Koerperich (sa Ghearmáin) in 1815.

Tar éis an Dara Cogadh Domhanda bunaíodh Coiste um Theorainneacha Thiar na Gearmáine, arb iad an Ísiltír, an Bheilg, Lucsamburg, an Fhrainc, na Stáit Aontaithe agus an Bhreatain a bhí ar an gcoiste sin. Socraíodh ag an gcoiste sin go mbronnfaí ar Ard-Diúcacht Lucsamburg an ceart riaracháin sealadach ar Kaumerwald, ar Roth agus ar an bhfeirm ag Neuscheuerhof. Tharraing rialtas Lucsamburg siar go páirteach ón gceart sin in 1949 a mhéid a bhain le Roth agus Neuscheuerhof. Tharraing sé siar go buan ón gceart sin i gcás na dtrí réadmhaoine sin leis an gconradh idir an Ghearmáin agus Lucsamburg an 11 Iúil 1959. (Calmes 1972: lch. 154)

Conclúid

Nuair a cuireadh Ord na dTeamplóirí faoi chos an 3 Aibreán 1312, rinneadh díothú go radacach ar an ról polaitiúil, airgeadais agus reiligiúnach a bhí acu.

Ach ní fhágann sin nach bhfuil an dearcadh idé-eolaíoch ann maidir leis an gcuimhne atá ar na ridirí aduaine seo go dtí an lá inniu. Maidir leis an rúndiamhracht theamplach (atógáil fháthchiallach Theampall Sholaimh), a bhfuil buan-áras faighte aige i dteagasc na Rós-Chroise, tá go leor tagairtí di le fáil i saothar Dante Alighieri (1265-1321) – frithphápach – agus ní ionadh sin, mar bhí sé ar an láthair os comhair eaglais San Antóin i mBealtaine 1310 i bPáras nuair a rinneadh an chéastóireacht ar 60 ridire tráth a loisceadh ina mbeatha iad (Dante 1950). Mhaígh údar amháin fiú amháin go raibh dlúthbhaint ag Dante leis na Teamplóirí. (Breyer)

Bhí ceacht le foghlaim ag Comhbhráithreachas na Rós-Chroise ónar tharla do na Teamplóirí, agus thuig na comhaltaí gur chun a leasa é a bheith ar a gcoimhéad.

Tá a fhios againn inniu go mba chomhaltaí de Chomhbhráithreachas na Rós-Chroise iad Albert le Grand (c. 1103–1280), Roger Bacon (1214–1294), Léonardo da Vinci (1452–1519), Pic de la Mirandole (1463–1494), Nicolas Copernic (1473–1543), Paracelsus (1493–1541), Thomas More (1478–1535), Francois Rabelais (c. 1494–1553), Giordano Bruno (1548–1600), Galilée (1564–1642), Van Helmont (1577–1644), Comenius (1592–1670), René Descartes (1596–1650), Robert Boyle (1627–1691), Jean-

Babtiste Lully (1632–1687), Cristopher Wren (1632–1723), John Locke (1632–1704), Isaac Newton (1643–1727), Gottfried Wilhelm Leibniz (1646–1716) agus Frédéric II (1712–1786). Nuair a bhreathnaítear ar a saothar siúd, déarfaí go léiríonn sleachta suntasacha as an saothar sin cáilíocht na Rós-Chroise don eolach.

Gan dul i muinín aon chruthúnas foirmiúil, d'fhéadfaí glacadh leis go raibh teacht ag na Teamplóirí ar lóistí na saortha oibre, cliabhán lóistí na saortha amhantracha, ar a dtugtar na máisiúin, le linn dóibh a bheith ag tógáil an iliomad caisleán, teampall agus áitreabh eile.

Ach tá sonraí beagán níos beaichte againn maidir leis an gceangal a bhí ag na Teamplóirí le lóistí na máisiún.

Nuair a cuireadh an tOrd faoi chos in 1312, sciob an rí saibhreas Ord an Teampaill. D'fhág sé sin go raibh ar go leor de na Teamplóirí iad féin a cheilt agus nasc siad leis na lóistí, áit ar chas siad cinnte leis an mbeagán ridirí Francacha ar éirigh leo éalú ón ngabháil tríd an teorainn a thrasnú go Artois, talamh a bhí i seilbh Shasana go dtí 1475.

Lena léiriú á mhéid a d'fhan an chuimhne ar na Teamplóirí beo i lóistí Shasana, luann Ubaldo Triaca, speisialtóir i gcúrsaí na Rós-Chroise, an phaidir a deirtí sula bhféadfaí tosú ar aon obair mháisiúnach. Creideann an t-údar sin: 'níl baint dá laghad ag an gcleachtas seo le greim na heaglaise Anglacánaí, ach is é atá ann go maireann traidisiúin na Rós-Chroise ón am atá caite, leantóirí thraidisiún Bhráithre an Teampaill. Achainí a bhí ann a dhéantaí roimh 'oibríochtaí' na n-ailceimiceoirí Rós-Chroise agus paidreacha lenar osclaíodh cruinnithe caibidle Ridirí an Teampaill. (Triaca 1958: lch. 273)

Scríobh Jules Mersch an nóta seo a leanas in íochtar an leathanaigh dheireanaigh dá lámhscríbhinn:

Dó siúd ar mian leis tuilleadh eolais a fháil ar an ábhar seo, moltar i gcónaí saothar Michelet ina bhfuil na ráitis i Laidin d'fhiosrúchán cúistiúnachta 1307 Choimisiún Fiosrúcháin Pontaifiúil 1309–1311 mar aon le ráitis fiosrúcháin speisialta de chuid Easpag Elne.

Foinsí

Seo iad na foilseachán a dtagraítear dóibh sa téacs. Córas tagartha eile a bhí in úsáid sa bhuntéacs.

Arendt, K. 1884. *Monographie du Château de Vianden.* Lucsamburg, Victor Bück.

Arendt, K. 1903. *Das Luxemburger Land in seinen kunstgeschichtlichen Denkmälern summarisch in Wort und Bild geschildert.* Lucsamburg, Worré-Mertens.

Basse Moûterie, [Chevalier l'Evêque de la Basse Moûterie] 1884. *Itinéraire du Luxembourg germanique ou Voyage historique et pittoresque dans le Grand-Duché.* Luxembourg, Hoffman.

Bassing, T. 1923. 'Geschichte der ehmaligen Trinitarierklosters zu Vianden', *Ons Hémecht*, Lucsamburg.

Bassing, T. 1925. *Vianden, la perle du Grand-Duché de Luxembourg - pittoresque et historique.* Vianden, Société d'embellissement de la ville de Vianden.

Beck, C. 1916. 'Geschichte des Dorfes und der Pfarrei Moersdorf', *Ons Hémecht*, Lucsamburg.

Berthels, J. 1856. *Historia Luxemburgensis, 1595 nó 1605,* in atheagar ag *Brimmeyr, J.P. agus Michel, M.* Lucsamburg.

Bertholet, J. 1741-1743. *Histoire ecclésiastique et civile du Duché de Luxembourg et du Comté de Chiny.* Lucsamburg, Chevalier.

Bohrmann, M. 1842. *Beitrag zur Geschichte der Ardennen*, Iml. II. Trier, Lintz.

Breyer, J. 1957. *Dante Alchimiste.* Páras, Colombe.

Brimeyer, F.P. 1921. *Geschichte der Stadt und Abtei Echternach*, Iml. I. Lucsamburg.

Buchet, A. 1967. 'Le duché de Limbourg', *Bulletin de la Société Verviétoise d'Archéologie et d'Histoire*, Verviers.

Calmes, A. 1972. *Au fil de l'Histoire*, Iml. III. Lucsamburg, Saint-Paul.

Calmet, D. 1728. *Histoire ecclésiastique et civile de la Lorraine.* Nancy, Jean-Baptiste Cusson.

Clomes, P. 1839/40. 'Versuch einer statisch geographischen Beschreibung des Grossherzogtums Luxemburg', *Programme de l'Athénée*, Lucsamburg.

Dante. A. *La Divine Comédie* aistrithe go Fraincis ag *A. de Montor* in 1811-1813. (Eagrán: Garnier Frères, Páras 1925)

Engling, J. 1876. *Der heilige Bernard.* Lucsamburg.

Frieden, M. 1966. In *Letzeburger Journal* 20/5/1966.

Gredt, N. 1884. *Sagenschatz des Luxemburger Landes.* Lucsamburg, Publications de le Section historique de l'institut royal grand-ducal de Luxembourg.

Grob, J. agus Vannérus, J. 1921. *Dénombrements des feux des Duché de Luxembourg et Comté de Chiny*, An Bhruiséil, Kiessling.

Haan, J. 1958. 'Von Teufelsburgen und –sagen', *Warte* in *Luxemburger Wort* 9/7/1958.

Harpes, J. 1959. *Veilles demeures nobiliaires.* Lucsamburg, Éditions du Centre.

Herr, J. 1960. *Diekirch, Bevölkerung und Verwaltung.* Diekirch, Imprimerie du Nord.

Hess, J. 1958. *Simmern im Eischtal.* Lucsamburg, Saint-Paul.

Hess, J. 1960. *Alt-Luxemburger Denkwürdigkeiten.* Lucsamburg, Publications de la Section linguistique de l'Institut Grand-Ducal.

Hess, J. 1968. 'Von den Templern', *Ucht Kalender.*

Huberty. 'Chronik der Pfarrei Kaundorf', lámhscríbhinn luaite ag *Gredt 1884.*

Irsch, N. 1927. *Die Abteikirche St Mathias (in Trier) und die Trierisch-Lothringische Bautengruppe.* Augsburg-Köln-Wien, Dr. Benno Filser Verlag.

Jacoby, A. 1931. 'Von Temlern und Tempelsagen', *Cahiers Luxembourgeois*, Lucsamburg

Koenig, A. 1890. *Zur Geschichte des Klosters und der Kirche der Trinitarier zu Vianden.* Lucsamburg.

Koenig, A. 1907. 'Geschichte des Klosters und der Kirche der Trinitarier zu Vianden', *Ons Hemecht*, Lucsamburg.

Koenig, A. 1914. 'Geschichte der Kommende, Komturei oder Kommanderie der Tempelherren und der Johanniter zu Roth bei Vianden', *Ons Hémecht*, Lucsamburg.

Koltz, J.P. 1972. *Nouvelle Monographie du Château – Palais de Vianden.* Lucsamburg, Saint-Paul.

Lascombes, Fr. 1968. *Chronik der Stadt Luxembourg.* Lucsamburg, Bourg-Bourger.

Matagne, R. 1972/4.'Les Courtenais', *Hémecht*, Lucsamburg, Saint-Paul.

Medinger, P. 1934. 'Historischer Rundgang durch Luxemburg', *Ons Hémecht*, Lucsamburg.

München, D.C. 1898-1901. 'Versuch einer kurzgefassten statisch bürgerlichen Geschichte des Herzogtums Lützelburg, zum Gebrauche der … studierenden Jugend', *Ons Hémecht*, Lucsamburg.

Neyen, A. 1851. *Histoire de la Ville de Vianden et de ses Comtes.* Lucsamburg .

Nissane, G.J. 1968. 'L'ancienne Terre de Durbuy', *Analles I.A.*, Arlon, Institut archéologique de la province de Luxembourg.

Nothumb, A. 1966. 'L'architecture religieuse aux temps gothiques', *L'Art au Luxembourg,* Lucsamburg, Publications nationale du Ministère des arts et des sciences.

Olinger, P. 1941. *Diekirch im Wandel der Zeiten.* Lucsamburg, Der Freundeskreis.

Reiners, A. 1903. *Das historische und romantische Oesling, Iml. 1 – Clerf.* Diekirch.

Rupprecht, A. 1925. 'Logements militaires dans la Ville de Luxembourg', *Ons Hémecht,* Lucsamburg.

Schon, A. 1957. *Zeittafel zur Geschichte der Luxemburger Pfarreien, Iml. 3.* Lucsamburg, Kremer-Müller.

Schröll, J.A. 1837. *Historische wie auch industrielle Handels-Statistik der Stadt Diekirch. Atáirgeadh in Luxemburger Zeitung* an 10 Bealtaine 1936.

Simminger, B. 1936. 'Horner Schlass', *Académia,* Lucsamburg

Staud, R.M. agus Reuter, J. 1953. 'Die kirchlichen Kunstdenkmäler des Dekanates Echternach', *T'Hemecht,* Lucsamburg.

Thiel, B.J. 1954. *La Vie érémétique au Duché de Luxembourg.* Lucsamburg, Saint-Paul.

Tockert, J. 1945. *Am Völkerweg: Kulturhistorische Erzählungen aus Luxemburgs Vergangenheit.* Lucsamburg, Viktor Bück.

Triaca, U. 1958. *Le Nouveau Livre du Rose-Croix,* Páras, A. Montourcy.

van Werveke, N. 1923-26. *Kulturgeschichte des Luxemburger Landes.* Lucsamburg, Gustave Soupert.

Vannérus, J. 1850. *Essai historique sur l'ancien Comté de Vianden.*

Vannérus, J. 1905. 'Notes d'histoire et de toponymie luxembourgeoises', *Ons Hémecht*, Lucsamburg.

Vannérus, J. 1931. 'Les Comtes de Vianden', *Cahiers Luxembourgeois*, Lucsamburg.

Vedruns, J. 1931. (Ries Nicolas), 'Les Châteaux de l'Our', *Cahiers Luxembourgeois*, Lucsamburg.

Wackenroder, E. 1936. 'Die Kirche in Roth an der Our' *Kunstdenkmäler des Kreises Bitburg*, Düsseldorf, L. Schwann.

Wampach, C. 1935-1949. *Urkunden und Quellenbuch zur Geschichte der altluxemburgischen Territorien bis zur burgundischen Zeit (Iml. I 1935 – Iml. V 1949).* Lucsamburg, Saint-Paul.

Weyer, J.B. 1938. *Die Hoheit Kerschen: Oder Die Vier-Freidorfer Oberkerschen, Niederkerschen, Linger, Petingen.* Lucsamburg, Publications de le Section historique de l'institut royal grand-ducal de Luxembourg.

Wurth-Paquet, Fr X, 1859-1876. *Table Chronologiques des Chartes et Diplômes relatifs à l'ancien pays de Luxembourg, 1196-1506.* Lucsamburg, Publications de le Section historique de l'institut royal grand-ducal de Luxembourg.

Zorn, W. 1895.'Geschichte des Hofes und Herrschaft Lullingen', *Ons Hémecht*, Lucsamburg.

Nóta beathaisnéise Jules Mersch

Jules Mersch a scríobh 'Les Templiers au Luxembourg' in *Biogrophie Nationale du Pays de Luxembourg depuis ses origines jusqu'à nos jours* XXIme Fascicule. 1975. Luxembourg: Imprimerie de la Cour Victor Buck.

Rugadh Jules Mersch (1898–1973) i gcathair Lucsamburg. Staraí agus saineolaí ar chúrsaí ginealaigh. Bhí sé ina ard-stiúrthóir ar an teach foilseacháin Victor Buck agus ina eagarthóir ar *Biographie nationale du Pays de Luxembourg.* Eisean a bhunaigh an foilseachán sin arb ábhar dó teaghlaigh Lucsamburg sa 19ú haois agus i dtús an 20ú haois a raibh tábhacht pholaitiúil agus geilleagair leo. Ní tearc an líon alt a scríobh sé féin don *Biographie nationale.* Bhí sé ina chomhalta de na cumainn seo a leanas: Amis de la Musique, Societé des Ecrivans Luxembourgeois de Langue française agus Amis de l'Histoire.

Foilsíodh 'Les Templiers au Luxembourg' sa bhliain 1975, dhá bhliain tar éis bhás Jules Mersch. Is i bhfoirm lámhscríbhinne a bhí an téacs fágtha aige, ach gur chóirigh Jean-Pierre Koltz an lámhscríbhinn sin i gcomhair a foilsithe.

(Príomhfhoinse: *Biographie Nationale du pays de Luxembourg depuis ses origines jusqu'à nos jours*, XXIme Fasicicule, 1975.)

Jean-Pierre Koltz a chuir eagar i gcomhair a fhoilsithe ar 'Les Templiers au Luxembourg'.

Rugadh Jean-Pierre Koltz (1909–1989) in Frankfurt am Main sa Ghearmáin. Bhí cónaí air i Lucsamburg mar a raibh sé ina staraí. Chaith sé blianta fada ag lorg eolais sna haircívÍ i Lucsamburg agus ar an gcoigríoch chun go bhféadfadh sé stair an daingin i Lucsamburg a chur le chéile, ar as an dua sin a d'eascair a mhórshaothar *Baugeschichte der Stadt und Festung Luxemburg: Beschreibung und Schleifung der Festungswerke.* Is de bharr a chuid oibre a bhíothas in ann sna 1930idí réimsí áirithe de na tolláin chosanta faoin gcathair a oscailt don phobal.

(Príomhfhoinse: *Ons Stad*, Nr. 30, 1989 (Lucsamburg))